世界名人非常之路

法拉第

电磁学和电化学的奠基人

赵喜臣◎编著

中国社会出版社
国家一级出版社·全国百佳图书出版单位

"世界名人非常之路"编委会

主　　任：刘明山

编　　委：周红英　王汉卿　高立来　李正蕊　刘亚伟　张雪娇
　　　　　方士娟　刘亚超　张鑫蕊　李　勇　唐　容　蒲永平
　　　　　冯化太　李　奎　李广阔　张兰芳　高永立　潘玉峰
　　　　　王晓蕾　李丽红　邢建华　何水明　田成章　李正平
　　　　　刘干才　熊　伟　余海文　张德荣　付思明　杨永金
　　　　　向平才　赵喜臣　张广伟　袁占才　许兴胜　许　杰
　　　　　谢登华　衡孝芬　李建学　贺欣欣　刘玉磊　王莲凤
　　　　　刘振宇　张自粉　苗晋平　卓德兴　徐文平　王翠玉

写在前面的话

　　童年时代的夏夜，我和小伙伴们时常躺在家乡的草坪上，仰望着美丽的星空，偶尔还能看见流星划过，那时的欢呼与过后的惊诧至今仍历历在目。冬天的早晨，我们则常常流连于冰雪覆盖的小路，经常因堆雪人和打屋檐的冰凌锥而忘记了上学。当然，春天和秋天对于孩子们来说，更是大自然赐予最慷慨、最丰厚的时候。无论是春花的烂漫还是秋果的诱人，至今都是我心中最温暖的回忆。

　　随着年岁的增长，许许多多扑朔迷离的自然现象，构成了一个又一个神秘莫测的奥秘。自然界的事物不再只是心头美丽的驻足，而是慢慢地变成了诸多诱使我去探索的动力。幸好，学校的数、理、化、生物等课程给了我一些答案。但是，课本的知识毕竟十分有限，而阅读课外书籍给了我巨大的帮助。

　　在成长过程中，随着知识的增加，我的好奇心也越来越强，迫切地想要了解那些发明创造的过程和那些奇思妙想的主人。是谁捡到了那只证明了万有引力的苹果？是谁让漆黑的夜晚亮如白昼？是谁开启了工业时代的大门？又是谁让人类迎来了飞天的奇迹？是他们，站在科技前沿的科学家们，带着诸多疑问，不断地对我们生存的空间进行研究，渴求破译这充满超自然现象的世界。是他们一步步带领着我们进入科技时代。

　　茫茫宇宙中是否还存在其他智慧生物？如何科学地解释人体与自然的离奇现象？他们用不断探索的精神引领我们认知世界，辨别真伪。我们为他们的创造精神而感动，为他们的科研成果而骄傲，更为他们对人类的贡献表示由衷的感谢！

写在前面的话

被逼"退学"的发明大王爱迪生，中国现代数学之父华罗庚，带给人类动力的发明家瓦特，太空探索的先驱者布劳恩，实验科学研究的先驱伽利略，为人类插上翅膀的莱特兄弟，放射性元素之母居里夫人……我们将这些科学家的故事汇集起来，编撰成册，希望能让读者朋友们全面了解他们的一生和那些与他们无法分离的伟大事迹，使大家从中有所收获。

就让我们一同走近这些科学家，了解他们发明创造背后的故事，让他们的成长历程启示我们；让他们的挫折坎坷激励我们；让他们的灵感火花指引我们，让我们站在巨人的肩膀上，走向更高的目标，实现更伟大的理想！

"世界名人非常之路"大型系列丛书之"科学家成长之路"篇，就是这样一套专门拓展中学生科学视野，提高科学素养的图书。让我们沉醉于神奇、瑰丽的大千世界之中，感受科技的强大，伟人的魅力，从而启迪智慧，丰富想象，激发创造，培养青少年热爱科学、献身科学的决心，以及热爱人类、保护环境的爱心。

丛书紧密结合当前中学教材中涉及的历史名人，以及物理、化学、生物、地理、天文、材料、医学、能源、环境、航空航天等多方面的科学知识。在这里，科学家的成功不再神秘，愿科学家的成长之路能够成为你开启成功之门的金钥匙。

年轻的朋友们，让知识为你们的梦想插上科学的翅膀吧！

法拉第

人物简介

生卒与经历

迈克尔·法拉第（Michael Faraday，1791~1867），英国著名物理学家、化学家。他的一生在化学、电化学、电磁学等领域都作出过杰出贡献。

1791年9月22日，法拉第降生在英国萨里郡纽因顿一个贫苦的铁匠家庭，他的童年是十分凄苦的。但是，小法拉第不畏贫穷，不惧清苦，十分勤奋好学。

14岁时，法拉第跟一位装书兼卖书的师傅当学徒。他有强烈的求知欲，博览群书，这为他奠定了坚实的知识基础。

20岁时，法拉第开始听英国著名科学家汉弗利·戴维先生讲课，这位大化学家渊博的知识立即吸引了年轻的法拉第。他精心整理听课笔记并附上一封渴望做科学研究工作的信，于1812年圣诞节前夕一起寄给了戴维。

法拉第热爱科学的激情感动了戴维，戴维特推荐他于1813年3月进入英国皇家研究所当他的助手。法拉第在几年之内就作出了自己的重大贡献。虽然他的数学基础不好，但是作为一名实验物理学家他是无与伦比的。

1867年8月25日，迈克尔·法拉第在书房安详地离开了人世。一代科学巨星，在谱写完他不平凡的人生，给人类留下无价的宝藏以后，与世长辞。

成就与贡献

1816年，法拉第发表了第一篇科学论文，从1818年起他和J. 斯

法拉第

托达特合作研究合金钢,首创了金相分析方法。1820年,他用取代反应制得六氯乙烷和四氯乙烯。1823年,他发现了氯气和其他气体的液化方法。1825年,他发现了苯。

法拉第更重要的贡献是在电化学方面。他总结了两个电解定律,这两个定律均以他的名字命名,他将化学中的许多重要术语赋予了通俗的名称,如阳极、阴极、电极、离子等,这些构成了电化学的基础。

1821年,法拉第完成了第一项重大的电发明,他根据设想,成功地发明了一种简单的装置。虽然装置简陋,但它却是今天世界上使用的所有电动机的祖先。

1831年,法拉第发现,当一块磁铁穿过一个闭合线路时,线路内就会有电流产生,他把这个效应叫电磁感应。一般认为,法拉第的电磁感应定律是他一生最伟大的贡献。

地位与影响

法拉第于1821年任英国皇家学院实验室总监,1824年1月,当选为皇家学会会员。1825年2月,他接替戴维任皇家研究所实验室主任。

法拉第的一生是伟大的,其人又是平凡的,他非常热心科学普及工作,还热心公众事业,并由此长期为英国许多公私机构服务。

法拉第为人质朴、不善交际、不图名利、喜欢帮助亲友,为了专心从事科学研究,他放弃了一切有丰厚报酬的商业性工作。

1857年,法拉第谢绝了英国皇家学会拟选他为会长的提名,他甘愿以平民的身份实现献身科学的诺言,并终身在皇家学院实验室工作。

法拉第从未受过系统的正规教育,但却在众多领域中取得惊人成就,他堪称刻苦勤奋、探索真理、不计个人名利的典范,对于青少年有极大的教育意义。

目录

法拉第

少年立志

出生在穷苦人家 ………………………………………… 2
短暂的学校生活 ………………………………………… 10
做报童不忘识字 ………………………………………… 15
当学徒心系学习 ………………………………………… 21

迷恋科学

逐渐爱上科学 …………………………………………… 28
在阁楼里搞实验 ………………………………………… 31
贫困的科学爱好者 ……………………………………… 39
认真聆听科学演讲 ……………………………………… 43
得到好心人帮助 ………………………………………… 49

追逐梦想

有幸接触名家 …………………………………………… 58
自荐到皇家学院 ………………………………………… 68
受到科学家接见 ………………………………………… 73
投入新的工作 …………………………………………… 79

欧洲考察

赴欧洲进行考察 ………………………………………… 84
结识法国科学家 ………………………………………… 90
在意大利的发现 ………………………………………… 93
重回工作岗位 …………………………………………… 99

科学研究

独立进行研究 …………………………………………… 106

法拉第

目录

步入婚姻殿堂 …………………………………… *109*
开始电磁研究 …………………………………… *115*
获得新的突破 …………………………………… *120*

取得成果

遭遇抄袭风波 …………………………………… *126*
实验创新成果 …………………………………… *130*
入选皇家学会会员 ……………………………… *135*
不惧困难屡败屡战 ……………………………… *138*
不计名利专心科研 ……………………………… *141*
十年磨剑终成功 ………………………………… *147*

继续前进

继续实验不停息 ………………………………… *154*
不断创造科学辉煌 ……………………………… *157*
拒绝贵族的称号 ………………………………… *162*
忘我地进行实验 ………………………………… *165*
敢于提出新学说 ………………………………… *170*

影响深远

新思想泽被后世 ………………………………… *174*
用平常心对待荣誉 ……………………………… *179*
发挥自己的余热 ………………………………… *183*
安然度过晚年 …………………………………… *186*

附　录

经典故事 ………………………………………… *190*
年　谱 …………………………………………… *197*
名　言 …………………………………………… *199*

少年立志

　　希望你们年轻的一代，也能像蜡烛为人照明那样，有一分热，发一分光，忠诚而脚踏实地地为人类伟大的事业贡献自己的力量。

—— 法拉第

出生在穷苦人家

1791年9月22日，法拉第出生在英国伦敦市郊的一个普通的铁匠家庭。家里的成员都没有较高的文化，而且生活也较为贫穷。

18世纪的英国伦敦，已经是一个车水马龙、熙熙攘攘的热闹城市。在这座城市里有许多著名的建筑物，如托威尔城堡、圣保罗教堂、白金汉宫、威斯敏斯特教堂等。

这是个孕育着希望、充满着机会的年头，瓦特新发明的蒸汽机已经震撼了整个英国。

工业革命让英国获得了飞速的发展，工厂的烟囱就如雨后春笋般地出现在英国的土地上。庞大的厂房里发出隆隆的轰鸣，打破了原来中世纪田园生活的宁静。

随着经济的发展，在伦敦城里，一幢幢华丽的高楼拔地而起，马车多得就像泰晤士河水一样不停地流动，街道上到处都是繁华的景象。

然而，这也是一个令人失望和痛苦的年代，经济的飞速发展极大地加速了贫富的分化进程，富人越是富得流油，穷人的生活就越是悲惨。

这时候的英国，虽然说经过了农业革命，英国的农业灾荒经过政府的努力已经得到了较为有效的控制，17世纪后大规模的饥荒再也没有出现过，然而，生活在最下层的贫苦人民，依然过着穷困潦倒、食难果腹的生活。

在这个时候出生的法拉第，一出生就面临着这样的生活环境。一方面是社会经济的快速发展，一方面又是家庭生活的异常窘迫。

其实，这种命运只是当时英国许许多多普通劳动者的缩影，法拉第所要面对的，他的父母早都已经面对了。

小法拉第的父亲名叫詹姆士·法拉第，小法拉第出生的时候，他只有30岁。但算上小法拉第，他已经是三个孩子的父亲。

三个孩子，对于仅靠以铁匠为生的詹姆士·法拉第来说，在那个年代里，负担之重，可以想象。

可是当詹姆士看到妻子因为刚刚生过孩子，并且由于营养不良导致的疲惫而苍白的面孔时，当他看到躺在妻子身边的新生婴儿时，心里就会有一种说不出的柔情。

铁匠举起那由于长年累月的劳动而长满老茧的手，抚摸了一下自己儿子的额头，从内心里感觉到为人父的快乐。

他禁不住呵呵地笑了起来。似乎这个新生命的出世，给他带来了新的希望。这份久违的发自内心的快乐来得真是太不容易。

其实，法拉第一家原来并不是伦敦人，小法拉第出生的时候，他们才刚搬过来几年。

法拉第一家人原来住在约克郡乡下，勤奋踏实的詹姆士·法拉第学会了铁匠手艺。他为人和善、吃苦耐劳，是一个虔诚的教徒。他一开始并没有想过何时到城市里闯荡，可是在那个工业革命的时代，每个人也都在经历着一个城市化的进程。

社会的快速发展，工业企业的大量建立，带动着人口的大量流动，当时的英国就是这样。正是因为如此，才有大量的人口怀着各自的美好梦想涌入到城市来，人们都以为城市的繁华也能笼罩着自身，都想在这里淘到点"金子"。

当时詹姆士·法拉第居住的约克郡乡下，很多人都到城市去了，有些回来的人告诉他，伦敦城里城外，热闹非凡，马蹄嘚嘚，车轮滚滚，家家铁匠铺炉火通红，生意兴隆，凭着他那双有力而又灵巧的手，一定可以把日子过得舒舒服服。

再加上乡下的生活的确有些无趣,詹姆士·法拉第有点心动了,这时家里人给他娶了个妻子,新的生活开始,也让铁匠有心改变一下自己的命运。

于是詹姆士·法拉第和新婚的妻子商量这件事情,他的新娘是一个有爱尔兰血统的农家姑娘,也对外界的生活充满着无尽向往,希望到大城市去看一看,也不枉来这个世界一回。同时更主要的是,说不定真的可以改变自己的命运,就这样两个年轻人很快就商定了这件事情,带着对未来的美好憧憬上路了。

在上路之前,两个人尽量把家里能带的铁匠用具都带上了。所以弄了个很大的包裹。在经过了艰难的买票、挤车后,他们终于来到了这个梦中的天堂——伦敦。

这里的确是高楼林立,道路上的马车川流不息,是要比自己住的乡下繁华得多。看到这些,初到城里的詹姆士心里激动不已。最终他们在伦敦城南萨里郡的纽因顿镇上,租下几间屋子,开了一个小铁匠铺,之所以选择这里,最主要是因为这里房租最便宜。

当时的詹姆士想,凭自己的能力,很快就会挣到很多钱,然后再换地方。不过,现实让他很快失望了,伦敦是富人们的天堂,不是他们这些穷鬼的天堂,他们是穷苦的乡下人,到这里依然是城市里最下层的贫民,那些有钱人的马车一般是不会来他这个乡下人的小铁铺修理的,所以詹姆士很快就感到这里和约克郡乡下一样艰难。

铁匠夫妻俩天天辛苦得几乎饭都顾不上吃,可是家里却生不起火。而且他们没有来多久,妻子就怀孕了,他们的大儿子来到了这个人世。铁匠夫妻给这个新出生的儿子起名叫洛博,他们对自己的第一个孩子格外重视,因此小家伙长得格外强壮。

有了孩子,夫妻俩干得更起劲了,经过努力,他们的铁匠铺的情况渐渐也有些好转,甚至有些红火起来。然而孩子又接二连三地降生了,所以妻子只能在家看孩子,很少能帮得上忙。铁匠铺全靠詹姆士一个人支撑，生活还是过得相当紧张。

此时的詹姆士已经有了一儿一女，打铁的收入只能勉强维持一家四口人的基本生活。对他们来说，能有足够的食物就已经很不错了，其他的物质需要是连想也不敢想的。

到了寒冷的冬天，法拉第一家没钱买柴，无法生壁炉，一家人只能坐在厨房的炉子边取暖。

在当时英国已普遍使用的带玻璃罩的煤油灯，对詹姆士家来讲更是昂贵的奢侈品，法拉第一家却只能靠劣质蜡烛照明。

迈克尔是詹姆士夫妇的第三个孩子，他上面还有一个姐姐名叫玛丽。三个孩子的岁数相差不过一两岁，迈克尔降生的时候，非常瘦弱，头上几乎没有头发，詹姆士看着自己的这个儿子，没有多说什么，只是下意识地用大手抚摸了一下孩子，他知道自己的负担更重了。

经过几年的拼搏，詹姆士夫妻多多少少积攒了些钱，所以他们两个人决定到城市里重新租房子，在城里开铁匠铺。这样一来可能会有更多的客户，另外孩子上学也方便。

很快，詹姆士在曼彻斯特广场附近的一条小巷里物色到了一处旧房子，虽然很破，但是还算可以住，于是他们很快就租了下来，然后全家都搬来了。

房间在二楼，一开门就是一条摇摇晃晃的木楼梯，一直通到院子里。楼下是一间车库，用来停放房子主人的马车，每当有马车进出的时候，房间就会抖动起来，发出"嘎吱嘎吱"的颤音。

不过总算在伦敦城里安了一个家，法拉第一家还是很高兴的，迈克尔的母亲自己动手，做了一幅色彩鲜艳的窗帘，挂在临街的房间窗口上。

这一层薄薄的窗帘，自然挡不住街上马的嘶鸣、车夫的吆喝，也挡不住牲口粪便和浸透了牲口汗水的臭气。

可是，这里毕竟是新的家，新的希望又展开在铁匠詹姆士·法拉第面前。

同时，詹姆士在伦敦城里的铁匠铺也开张了，因为离家不远，这是迈克尔经常去玩的地方。幼小的法拉第常常到铁匠铺给父亲送饭，铁匠铺里红红的炼铁炉、冰凉的铁砧、父亲背上的汗水、劳动的欢乐，给小迈克尔留下深刻的印象，他对父亲的铁匠铺一直怀着深厚的感情。

詹姆士·法拉第身为一家之主，担负着养活一家几口的重任，为了多挣一些钱，他没日没夜拼命地干活。伦敦的天气阴冷、潮湿，空气中弥漫着烟囱中散发的刺鼻的气味。

詹姆士又得不到很好的休息，吃不到足够的食物，身体状况越来越差，一天比一天虚弱。可是，一想到一家人的生活，他就一点儿也不敢放松，咬咬牙，坚持干下去。

然而正当他的事业好转的时候，詹姆士却病倒了。詹姆士在乡下本来是个健壮的汉子，可是由于城市生活环境的恶劣，长年累月的体力劳动，再加上铁匠这个职业，天天与铁屑为伍，没有多少防护措施，詹姆士开始经常生病。

现在，詹姆士把铁锤拿在手里，没有打几下，他就开始心慌气喘起来。对于一个铁匠来说，还有什么比丧失健康更可怕的呢？

詹姆士觉得，可能是自己太过于劳累了。他总是抱着一线希望，也许多休息几天身体就会好起来的，也许到了夏天一切就会好起来的。终于有一天，詹姆士倒了下来，他实在是再也支持不住了，这对法拉第一家来说简直是一场灾难。

俗话说，对穷人而言，最大的财富就是健康。没有健壮的身体，穷人就等于是一无所有了。铁匠铺再也支撑不下去了，詹姆士不得不把它变卖给了别人。

詹姆士彻底地丧失了劳动的能力，他也拿不起劳动的工具，他眷恋曾经用双手辛勤劳动的地方。而如今，他只能躺在床上发出无助的叹息。

每天早上，詹姆士看到妻子双手空空地从街上回来，看到四个孩子干瘦的身子和期待的目光，他的心像刀绞一样。

于是，他又挣扎着爬起床，跑到人家的铁匠铺去当帮工，挣几个小钱。但是第二天，他又躺倒了，直到最后他连床也下不来了。

特别是迈克尔现在又有一个小妹妹爱米丽。小妹妹的降生给家中带来了一份欢乐，但同时也增添了一份忧愁。

人多一个，嘴多一张，而且小生命的诞生还让母亲也经常抽不开身，家里的境况变得更差了。就像其他穷人家的孩子一样，他们吃不上好的食物、穿不起好的衣服。

迈克尔5岁的时候，家里几乎断绝了生活来源，他们连买食物的钱都没有了，更交不起房租，全家人只能搬到郊区的一个贫民区去住。

伦敦的天空总是灰蒙蒙的，雾气很重。泰晤士河像一个失去年华的老姑娘，无休止地哼着忧伤的歌。小迈克尔多么希望望见一小块蓝天，期望温暖的太阳给家里带来好运啊。可是雾都的天空，很难开颜一笑。

不久以后，詹姆士一家只好向慈善机构求救，他们申请了救济金。但是，救济金实在少得可怜，根本不能让全家吃饱。

在领取救济的日子里，法拉第真正地体会到了饥饿的滋味。有时候，全家每星期领来的救济粮，分到迈克尔手里，只有一个不大的面包，黄油那就别想了，因为连面包都几乎要吃不上了。

小迈克尔非常懂事，他所做的事情，给父母留下印象最深的是分面包。在食物有限的情况下，为孩子们分配食物实在令人头痛。

在无奈之中，迈克尔的母亲想了一个办法，这就是，每星期给孩子们分配一次食物。

孩子们得到食物后，自己计划如何在一周之内合理地吃。如果分配不合理，只好自己挨饿，母亲绝不会为谁增加一点食物。

家里的其他孩子，经常出现计划不周的情况。因此，他们不是向母亲要食物，就是自己挨饿。

而小迈克尔从来没发生过这样的事情。他在每个星期一得到母亲给的一只长条面包后，就用尺子把它量好，然后，在一张纸上画出13条距离相等的线条，再把面包放在纸上，用锋利的刀子对准纸上的线条，一刀一刀地切面包，这样，就可以把面包分成14片。

在接下来的一周中，迈克尔每天早晨和晚上各吃一片面包。面包吃完了，下一个面包又该发放了。如此计划，使他没有发生饥饿难忍的情况。

每次当母亲叮嘱迈克尔每天只能吃两片，早上一片，晚上一片，不能一次把分到的面包吃完的时候，迈克尔总是懂事地说："我不会吃完的，妈妈，吃完了，下顿我只有饿肚子了。"

"真是妈妈的好孩子，真听话，吃过饭以后看一会儿你妹妹，我要帮你们的父亲洗衣服，好吗？"母亲问。

"好！"小迈克尔爽快地回答。这个时候迈克尔的哥哥姐姐都已经上学了，所以只有迈克尔帮助妈妈照看妹妹了。

困苦的生活条件，很容易使穷人家的孩子早熟。面对家里的清贫生活，年幼的迈克尔已经很懂事了。他多么希望能替父母干活，分担他们的愁苦呀！

但是迈克尔还太小，只能帮母亲做点简单的家务，照看一下妹妹，让妈妈能有更多的时间做工以维持家里的生活。

但法拉第毕竟还是个小孩子，一有空闲，他就把妹妹抱到院子里，让她坐在一边，自己和小伙伴们尽情玩耍。

妹妹总是笑眯眯地站在一旁观看，法拉第总是十分留神，只要一听到马车声，便立即冲进院子，把小妹抱上楼梯，以免被车撞到。邻居都夸赞他是一个懂事的孩子。

　　法拉第一家人在这段艰难的时期,并没有消沉,一家和和融融,充满着亲情和乐观的气氛。这种情绪影响了法拉第的一生,即使他身处逆境也能自得其乐,对生活,对明天充满了信心和希望。

　　幸好这样的日子没有持续太久。他们一家还没有来得及慢慢饿死,就有了转机。

　　迈克尔的哥哥洛博这时已经13岁,可以去当学徒了,按照当时的习惯,长子要继承父业,洛博进了一家铁匠铺,少一个人吃饭,家里就少了一些负担,而且哥哥有时还能给家里一些钱和带回些吃的。

　　妹妹爱米丽这个时候也长大了些,不用妈妈时时照顾她。这样妈妈就有了时间,可以带着姐姐玛丽到有钱人家里去打零工,挣些钱贴补家用,一家人的生活开始好转,于是法拉第的家里又有了笑声。

短暂的学校生活

小迈克尔并不是很聪明,也不淘气。他没有给父母惹过什么麻烦。他不与人打架斗殴,也不搞恶作剧,和街坊邻居的孩子相处很友善。这让他的父母很省心。不过,这个规规矩矩的孩子,也没有给人留下聪明机灵的印象。

熟悉他的人,没有人认为这孩子将来有多大的出息。就连他的父母,也不敢对法拉第的前途有任何奢望。

长大之后,他能够跟随父亲打打铁,或者到附近的工厂、码头找点活儿干,可以养活自己就算不错了。

时间过得真快啊,一晃小迈克尔已经8岁了,也到了上学的年纪,父母尽管对迈克尔没有太大的期望,但是上学还是必需的,而且说不定将来自己的儿子会有出息的。

听说要上学了,小迈克尔非常高兴,因为从此他就可以读书了,他一直觉得这是一个很好玩的事情,听哥哥姐姐说,学校里可好玩了,还有很多小朋友。

然而学校的生活并不是迈克尔想象的那么美好,这主要是因为小迈克尔说话带着浓重的乡下口音。

当时英国的中小学教育,很重要的一项内容就是教孩子们"说话",这并不是说他们不会说话,而是他们不会"正确"地说话。

当时在英国,要是不会控制腔调,说上流社会里通行的那种抑扬顿挫的英语,就别想找到一个上等职业。然而,要孩子们换一种他们不习惯的腔调来说话,有时候竟比学外国话更困难。

许多人上了好几年学后,说起话来仍旧是含含糊糊,无法改变他们说了多年的伦敦土话口音，因此受到惩罚也是经常的事。

这不，今天的课堂上，小迈克尔又出问题了。那是一节国语课，教课的是一位女老师，名叫丽姬。

丽姬老师身材高大，说话的声音特别响亮，这节课老师教了一些生字，然后让同学轮流挨着念，轮到小迈克尔的时候，是一个"洛"字，也就是他哥哥名字里的一个字。

"迈克尔同学，念这个字。"丽姬老师说。

迈克尔战战兢兢地站了起来，他动了动嘴唇，小声念道："若。"

同学们轰地都笑了，迈克尔不好意思地低下了头，用眼睛的余光看了看教室里的其他人。

丽姬老师非常生气，她带着嘲笑的口气说："迈克尔同学，这个字不念若，念洛。你哥哥的名字你现在还不会念吗？难道你妈妈在家都没有教你吗？"

迈克尔嘴唇动了动，但是没有吭声。

"这是洛博不是若博。听清楚了吗？下面跟我念。"丽姬老师瞪了一眼这个瘦弱的孩子，有些厌恶地说。

"洛，洛博。"

"若，若博。"迈克尔小声地念道。

丽姬老师撇了撇嘴，又继续嘲笑迈克尔说："真不错，连自己的哥哥的名字都不会说，还来上学，真是个笨孩子。再跟我念，如果还不会念，那就等着接受惩罚吧！"

"洛，洛博。"

小迈克尔从小习惯的发音，现在忽然要让他转变，他一下子还真适应不了，舌头怎么也不听使唤。小迈克尔看着自己老师的嘴唇，用了很大力气，最终说出的还是"若"。

同学们哄堂大笑，这下子丽姬老师可是真的生气了，她再也压不住火了，她想教训一下自己的这个"笨"学生，可是今天她又没带教鞭，于是她对迈克尔说："迈克尔，既然你不会读，那现在拿我的钥匙到我的办公室去一趟，帮我把教鞭拿来。"

迈克尔看了看老师说："拿教鞭干什么吗？现在都快要下课了。"

"干什么，我要用教鞭教你怎么读书。快去！"老师指着迈克尔的鼻子说。

迈克尔拿着老师的钥匙在门口转悠了一圈，他知道老师这次又要教训自己了，昨天的伤痕还在隐隐作痛，迈克尔下意识地摸了一下自己的屁股。

拿还是不拿，这是一个值得小迈克尔考虑的问题，不过他很快下定决心，不拿。

他走到老师的办公室门口又忽然回来了，老师看他手里还拿着钥匙，却没有拿教鞭，就奇怪地问："不是让你去拿教鞭吗？你怎么没有拿过来。"

谁知道迈克尔使劲把手里的钥匙向讲台上一丢，转身就跑出了教室，然后一溜烟儿回到了家里，不管老师在后面大声地责骂。

迈克尔跑回家后，就向母亲说了事情的经过，并且发誓从此以后再也不到那个女老师的学校去上学。

做母亲的听了自己儿子的叙述，考虑了一下，就答应他的请求。但母亲要求小迈克尔，不能再这样了，如果下次再从学校逃出来，就不再让他上学了。

于是，小迈克尔被转到纽因顿地区一所公立小学，公立小学是专门为穷人的孩子办的，学费更便宜些。

其实就算没有这件事，迈克尔的妈妈也准备让他转学的，因为这时迈克尔的爸爸的病越来越严重，需要很多钱，而现在这个家庭已经拿不出任何钱来了，根本交不起迈克尔的学费。

从此，迈克尔开始到公立学校读书。当他再次背起母亲为他缝制的书包时，竟然激动得流下了眼泪。

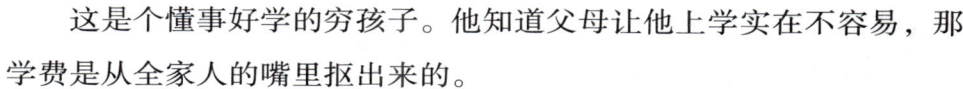

这是个懂事好学的穷孩子。他知道父母让他上学实在不容易,那学费是从全家人的嘴里抠出来的。

迈克尔非常珍惜全家人给他的这次机会。他决心好好读书,将来能够有出息,多挣点钱,给家里买好多好多面包,让父母和哥哥、姐姐、妹妹吃得饱饱的。

上了学的小迈克尔,珍惜每一分钟。在课堂上,他认认真真地听老师讲课,下课后,一丝不苟地完成老师布置的作业。

完成作业后干什么?帮妈妈照顾爸爸和妹妹,做些力所能及的活。带妹妹的时候,迈克尔喜欢到街上玩儿。他经常带着妹妹到小巷里,和邻居的孩子们一起玩儿。迈克尔和孩子们在铺着卵石的院子里跑、跳,玩石子,看谁扔得远,扔得准。

偶尔会有马车从小巷子经过,一听到马车的叮当声,迈克尔就和小伙伴们哈哈地笑着闪到一旁,等马车过去后,继续玩他们的游戏。

妈妈和姐姐下班后还要到市场上去买点便宜货,为了半个便士讨价还价,有时还得争吵。

只要看母亲回家时候那张愁苦的脸,那只空空的口袋,迈克尔就知道,今天面粉价钱又涨了,土豆也涨价了。至于肉,迈克尔已经很长时间没有吃过了,几乎已经忘记了是什么滋味。

如果还有时间,小迈克尔就自己给自己布置新作业,这就是抄书。他把老师当天讲的内容抄一遍。如果抄写完了,还有时间,他就背诵。直到把课文背得烂熟,才结束一天的学习。

迈克尔学习十分自觉。上学之后,除了带妹妹的时候,他很少一个人出去玩耍。有时候,小伙伴们叫他出去玩。起初,他不愿意伤小伙伴们的心,就同他们玩一会儿。由于他心里想着学习,玩起来不专心,总是输球。

时间长了,小朋友们越来越不愿意跟他玩了,这正合了迈克尔的心愿。他本来就不愿意在玩耍中浪费学习时间。小朋友们不来找他了，他倒很高兴。

在学习中，迈克尔是用功的，对待老师布置的作业比谁都认真。他从上学开始，就不放过任何问题。

老师布置的作业，迈克尔不仅及时完成，还自觉检查。在课堂上，他自觉地记笔记。

每次考试，迈克尔的成绩都很好。这样一个学生，本应该得到老师的好感和表扬。可是，情况并非如此，这里的老师也瞧不起穷孩子，在这里，小迈克尔遭遇了和原来那个小学一样的情况。

小迈克尔在阅读和说话方面有些缺陷，他说话不流利，有时还出现口吃。特别是在课堂上，每当老师叫他站在大家面前念课文时，即使已经熟记于心的内容，他也不能流利地表达出来。这使老师更不喜欢他。有一次，在课堂上迈克尔遭受了老师的鞭打。

近代英国的教育制度中，有体罚学生的陋习。对于老师认为不听话或完成作业不认真的学生，老师有权进行体罚。用鞭子抽打学生，是体罚的一种形式。

被鞭打的孩子，皮肉之苦忍耐一会儿就过去了，可是，因遭鞭打而被同学嘲笑受到的心灵伤害，却要持续几天甚至几个月。

迈克尔是个自尊心很强的孩子。他害怕鞭打，更害怕别人嘲笑他，虽然他没有像上次那样逃跑，但是他的心理负担加重了。

每当进入教室，看见悬挂在墙壁上的皮鞭，迈克尔就内心发怵。特别是在背诵课文和回答老师的提问时，迈克尔一抬头，就不由自主地去看墙上的鞭子，一看到鞭子，他的舌头就不听使唤。

迈克尔常常回避说话，从不轻易开口。这种现象反而使他强化了听和记的能力，也在客观上培养了自学能力。

做报童不忘识字

5年以后,迈克尔也到了13岁,家庭的情况不允许他再上学了,他也要像哥哥姐姐一样,离开学校,当学徒了,可是学什么行业呢?也学打铁吗?迈克尔的父母在考虑着小迈克尔的未来。

最后经过商量,铁匠夫妻决定不能再让迈克尔去学做铁匠,因为这个活太累人,而且小儿子身体这么弱,恐怕根本支撑不住。

"今天我上街,刚好遇到了利博先生,他的装书店现在正缺少人手,你看能不能到他那里当学徒。"法拉第的母亲说。

看来也找不到比装书店更好的地方了,于是詹姆士拖着带病的身体把迈克尔带到利博先生的铺子里,这个小装书店在布兰福德街拐角处,装书店老板乔治·利博先生是个心地善良、和蔼可亲的人,非常喜欢小法拉第。

利博先生的铺子,经营书籍装帧,同时销售书籍、文具,出租报纸。19世纪初,出版印刷业还不发达。书价昂贵,书是一种奢侈品,只有有钱人才买得起。

即使贵族们也是把书籍作为珍贵的收藏品传给后代,一本书读了又读,很容易有磨损、散页的情况发生,于是他们就把这些损坏的书送到装书店去整修、重新装订,修饰一新后再拿回家。也有一些书,分成一册册小薄本出版,读者把这些小薄本买齐以后,再送到书店来装订合订本。

那时候报纸的发行量也非常小,价格也不便宜,一般中等人家是买不起的,他们只能租报纸看,一家人拿到报纸看一两个小时后,再由报童送到另外一家去。这样等于几家人订一份报纸,价钱自然便宜了不少。

利博先生向报馆订了几份报纸，专门进行报纸出租业务，然后由自己铺子里的报童，按照一定的路线送到租报人的家里。

这几年英国正在和拿破仑打仗，大家关心前线的战争，所以向利博先生租报看的人越来越多，他正需要送报的报童。铁匠詹姆士是他的街坊，所以他早就认识迈克尔。迈克尔这孩子机灵、懂事，从小讨人喜欢。

利博先生答应铁匠詹姆士，让迈克尔送一年报。要是孩子不偷懒手脚勤快，一年以后正式收他做学徒。

从此，迈克尔·法拉第走上了生活的道路。他风里来，雨里去；走大街，穿小巷，在伦敦城里奔跑，开始从事报童的工作。

法拉第必须等待和督促每一位订户在规定的时间内把报纸读完，并准时送到下一个订户家。

送报也要讲究信誉，不能让客户等待，报童如果一天内完不成任务，就会受到老板的责罚。所以报童送报，就如同接力赛跑一般，不敢有丝毫的怠慢。

有时租报两家相距较远，法拉第便急匆匆地穿大街，奔小巷，一路快跑，以免延误时间，遭人埋怨。即使刮风下雨，也照送不误。

虽说送报是一件十分辛苦的差事，然而小法拉第干得特别认真，也十分的快活。

法拉第总是腋下夹着报纸，手里捧着书，嘴里哼着小曲，在伦敦的街头奔来跑去，好像一个快乐的小信使，又似一头不知疲倦的小马驹，十分讨人喜欢。

特别是能把自己挣来的便士一个个放在妈妈手里，看到妈妈的脸上露出疼爱的微笑，法拉第感到自己更快乐了。

法拉第聪颖、机灵，对人有礼貌，送报尽心尽力，租户们都十分喜欢他。老板利博先生对法拉第也特别满意。因为自从法拉第送报以来，租户不但没有减少，反而日见增加。

趁着送报的机会，法拉第自己也能偷空看看报，这也是快乐的事情。报纸不容易看懂，上面有许多字不认识，还有许多人名、地名也不知道。但是没有关系，遇到不懂的东西，他就虚心向利博先生请教。利博先生很和气，圆圆的脸上总挂着笑。

迈克尔常常找这位东家，向他请教各种问题。利博先生看到迈克尔这孩子和别的报童不一样，他什么都想知道，什么都要问，也很高兴。利博先生很喜欢法拉第，总是愉快而耐心地为他解答，就像对待自己的孩子一样。

小法拉第个性沉静温和，但却喜欢发问。

"利博先生，自然哲学是什么呀？"

"自然哲学嘛，一般就是指自然科学，比如物理学、化学。"

"那化学又是什么东西呢？"

"嘿，化学我也说不清楚，不过总离不开瓶瓶罐罐的！"

"利博先生，报上说的那个拿破仑，到底是一个什么样的人呢？"

当时英国和法国正在开战，作为法国的独裁者和军队统帅，拿破仑的名字常在报纸上出现。

"这个小矮子！有时候像狐狸，有时候又像狮子。他老是在打咱们英伦三岛的主意呢！"

"那为什么有人说他是天才呢？"

"哼！天才？天才和狂人，有时候只有一步之隔而已，最多他只能算一个怪杰。"

利博先生对法拉第的好问精神十分欣赏，并且总是耐心地回答他所提的各种问题。

在利博先生眼中，这个不时蹦出一些新奇想法的小报童，是如此不一般，他一定会有一个美好的未来。利博太太也很喜欢法拉第，对法拉第也十分和气。

法拉第工作认真，对人又有礼貌，很快就得到了订户们的称赞和喜爱。利博先生答应他，到年底就正式收他做学徒。听到利博先生的鼓励，法拉第干得更起劲了。

除了喜欢发问，法拉第还喜欢沉思默想。法拉第的小脑瓜里，时常会蹦出一些奇怪的想法。

有一天，他把报纸送到一位租报人的家里，自己在花园里等候。平常他总是趁人家看报的时候，自己也坐在大门外的石阶上看书看报。

今天天气太好了，法拉第坐不住了，他沿着花园的铁栏杆走去，走到一棵大树前。这棵大树枝叶茂盛，它的树干在铁栏杆上方拐了一个弯，歪到隔壁人家的花园里，在那里投下了一大片树荫。

法拉第想：这棵树到底在哪里呢？要说它在这里吧，树枝树叶全在那里，连树荫、树上的小鸟也全都在人家院里。可是要说它是隔壁人家的树吧，它却明明长在这里。到底应该怎样说呢，法拉第越想越有意思。

这不也是一个"自然哲学"的问题吗？为什么不做一个实验呢？书上不是写着"知识来自实验"吗？

法拉第开始做他生平的第一个"科学实验"了。他把两只手臂从栏杆缝里伸过去，把头也从栏杆缝里硬钻了过去。

哈哈，我也和那棵树一样了。头在这边，脚在那边。不，不，脚在这边，头在那边。

到底我在哪一边呢？

法拉第"夹"在铁栏杆缝里，他的思想正在"自然哲学"思辨的云端翱翔。

忽然法拉第听到那边"咯噔"一声响，原来那家人已经看完报，是女佣人打开大门给他还报纸来了。

啊，可不能让别人看到自己这副"身首异处"的淘气相！法拉第猛一下把头和手臂从铁栏杆缝里抽回来，三步并两步，跑到大门口去接报纸。

女佣人惊叫了一声："哎呀，孩子，你怎么了？"

原来法拉第的鼻子血淋淋的，在铁栏杆上擦破了。这就是他生平第一次做"自然哲学实验"的收获。

法拉第能在利博先生这样的店当小工，的确是他的福分。他的哥哥在铁匠铺里当学徒，就没有他这么幸运了。

铁匠活十分重，师傅脾气又凶暴，即使洛博拼命地干，也免不了挨打受骂。要学到手艺，就得当牛做马，这是那个时候各行各业普遍存在的现象。

不过，报童也有自己辛苦的地方，特别是一般人休息的周末，却是他们最忙的时候。

每个星期天，天还没有大亮，伦敦人还在美好的梦乡中流连，法拉第就已经大步走在雾蒙蒙的街上了，急急忙忙地赶到利博先生的铺子里。

只见法拉第用胳膊夹着一沓儿报纸，一溜小跑，送完第一轮，又赶紧按照原来的线路回去，取回租看的报纸，再送下一轮。

法拉第要早一点儿送完，赶回家去。爸爸、妈妈、哥哥、姐姐、妹妹，都已经换上干净整洁的衣服，在家里等他一起上教堂。

可是有的租报人偏偏不肯快一点儿看完，他还是常常不能赶回家。对他来说，这是很大的不幸。

他们很轻松地说："还没有看完呢！孩子，过一会儿再来吧！"

法拉第向来不愿意低声下气，向人乞求，可是这时候，他不得不向租报人恳求了。他低声说："先生，我还有好几户人家要送。下一家离这里有一公里多路呢！"

法拉第尽管焦急、奔跑、恳求，他还是常常不能及时赶回家和家里人一起上教堂做礼拜。

法拉第和他的父母亲一样，和千千万万英国善良的穷苦人一样，是很虔诚的基督徒。法拉第的上帝在天上，也在他心里。

星期天去教堂做礼拜，在十字架面前，人人相亲相爱，像亲兄弟那样。牧师用美好的语言讲述故事，大家低着头喃喃祈祷，在低沉浑厚的钢琴伴奏下，轻轻地哼唱着赞美诗。

这对于没有任何人生出路的穷人们来说，是他们所能享受的唯一的幸福，物质上得不到的，他们在精神上得到了补偿。

然而，法拉第为了送报，连这仅有的幸福也不能得到。为了温饱，失去了上帝的祝福，他感到很不幸。

不过还好，在这一年时间里，当法拉第把报纸送到客户手上时，总是趁客户看报的间隙自己也读一段报，凡遇到看不懂的地方，就找人请教。这样，一年下来，法拉第已经认识很多字了，也学到了不少知识。

当学徒心系学习

不知不觉间，法拉第在送报与看报中度过了一年的难忘时光。

有一天，利博先生把法拉第叫到跟前，笑眯眯地问他：

"迈克尔，你当报童已经一年了，一直很能干，现在我想正式收你当学徒，你愿不愿意呀？"

"愿意，愿意。"

法拉第听到这个令人兴奋的消息后，简直是高兴极了。如果可以学习装订书籍，就可以有更多的机会读更多的书了，这该是多么幸福的事啊！

"不过，你最好和你爸爸妈妈说一下，看看他们的意见，如果他们也同意的话，你明天就正式开始来学习了。不论你父母同不同意，你都要来告诉我一下。好吧？"利博先生说。

法拉第赶紧答应了，然后他就蹦蹦跳跳、高高兴兴地跑回家去了，他想爸爸妈妈一定会同意这件事的。

开心的小法拉第很快就把这个消息带回了家。可是，父母的忧虑又把他带回到残酷的现实中来。

原来，在当时英国的一些行业中，凡是学徒都是要搬到师傅的店里去住的。学徒工不但没有工资，还要交纳一定的伙食费和住宿费。

哥哥洛博的学徒期是七年，为了承担他的学徒费用，家里的负担已经够重的了。法拉第如果再去当学徒的话，对这个并不富裕的家庭来说，无疑是个更加沉重的负担，父亲实在付不起他的费用。

听父母这么说，小法拉第感到非常失望。看小法拉第很不高兴的样子，法拉第的母亲说：

"迈克尔，这样吧，你去问问利博先生，看能不能先欠着伙食费和住宿费，如果他同意了，你就可以去，行吗？"

法拉第想想，心里觉得也只有这样了，不过他也不知道利博先生是不是同意，如果不同意那该怎么办呢？不过利博先生那么好，他一定会同意的，想到这里，法拉第就又开始高兴起来。

很快，法拉第就又回到了利博先生的店里，但是当看到微笑着的利博先生以后，法拉第一时间又不知道怎么开口跟他说起父母的想法。

善良的利博先生一下子就看出了小法拉第的烦恼，他问：

"是不是你父母说现在交不起食宿费啊？"

法拉第听利博先生主动问自己，就轻轻点了点头，然后说：

"我爸爸让我问问你，能不能先欠着，如果先生能够答应的话，将非常感谢您。利博先生，如果你同意的话，我将来一定好好为你干活，行吗？"

"你回去告诉你爸爸妈妈，就说我不收食宿费，但是要在这儿做七年学徒，只要你来就行了。"利博先生微笑着说。

"什么？"

法拉第一时间没有弄明白利博先生的意思。

但是当他看到利博先生脸上微笑的表情，法拉第很快就理解了利博先生的意思，他只说了一声"好"就飞快地跑出了利博先生的店。利博先生看着小法拉第的快乐身影，不禁笑了起来。

法拉第很快就跑到了家，父亲看他跑得气喘吁吁，就问怎么回事。法拉第端起桌子上的茶杯，一边喝水，一边说：

"利博先生同意了，他不收食宿费，免费让我做七年学徒。"

听了法拉第的话，他的父母当然也都很高兴。

法拉第的前途仿佛就如此敲定了：学好手艺，将来做一名熟练的装订师。而且当学徒，读书的机会比做报童时要繁华得多！

从此，法拉第告别了父母，搬到了利博先生的铺子里居住，开始了他的学徒生涯。他被安排住在店堂楼上的一间小阁楼里。

法拉第由于家境贫穷，从没有受到过正规的教育，他的母亲是个文盲，父亲也识字不多，整个家中也只有一本书，就是那本破旧的《圣经》。

书，对小法拉第来说是个多么神圣的字眼啊！而现在，摆在他眼前的是各种各样的书籍，有的书脊上还烫着金，书页配有精美的插图。除此之外，还有许多富有生活情趣的科普读物。

这里是书的世界，书的海洋。满屋满架都是书，什么书都有，这使法拉第感到很高兴，就像一个住在内陆的人第一次见到无边无际的大海，住在平原地区的人第一次看见层峦叠嶂的山脉一样，那股新奇劲就别提有多大了。

法拉第感到一种强烈的诱惑。他迫不及待地翻开书页，他的手指在微微颤抖，两眼紧盯着书中那一行行美妙的文字，闪闪发光。

这些从未见过的图书，为小法拉第打开了一个全新的世界。而他的工作便是将这些书籍翻新，重新装修整理一番。

那个年代的精装书，大多数都是用优质的牛皮来做封面，装帧也十分讲究。

每天清晨，法拉第刚刚醒来就能闻到纸张、油墨、胶水和小牛皮的特有气味。

店门整整关了一夜，这些气味散发不出去。每当到了第二天早晨，气味就变得特别浓郁，在别人看来，可以说是相当刺鼻和难闻。

可是法拉第总觉得芳香扑鼻，因为那是书的气味。同时，空气中还散发着烤面包和煮咖啡的香味。

多么惬意而美好的早晨啊！法拉第觉得这一切都令人兴奋极了。

小法拉第迅速地穿好衣服，深深地吸了一口新鲜空气，悄悄地走下阁楼。他先向利博先生请过安后，便愉快地坐在了桌案前，开始了一天的劳动。

法拉第本来就是一个聪明伶俐而又招人喜爱的孩子，加之他又非常上进，没过多久，他就掌握了书籍装订的全部手艺。

法拉第总是做得又快又好，把每一本书都装订得美观、整洁。他的工作表现无疑让利博先生非常满意。

就这样，伴随着日渐熟练的工作，法拉第的空余时间也就越来越多了，他也就拥有更多的时间读自己喜爱的书了。

以前，法拉第送报的时候都是偷空才能读报纸，而现在装订图书，他就更不能放过读书的机会了。

每晚收工以后，法拉第总是把切刀、铜尺和胶水等这些装订书籍的用具收拾得整整齐齐，然后经常是连饭也不吃、工作服也不脱，就坐在工作台前全神贯注地看起书来。

不过，最初法拉第偷空看看自己经手装订的书，就像他以前送报的时候偷空看报那样，只是觉得好奇，想知道这些书到底都是讲什么的，他不过是随便翻翻看看。

可是法拉第这样信手翻阅，竟好像撩起了智慧女神的面纱，窥见了她无比美丽的姿容，法拉第深深地爱上了她。

法拉第第一次看的是一本叫《一千零一夜》的书，书里那些神奇而有趣的故事把他彻底迷住了。渐渐地，每一本经他装订的书，他都要仔细地阅读一番。

起初，法拉第是拿到什么读什么，读什么就信什么，儿童有喜欢

幻想的天性，让他特别喜欢那些童话故事，甚至幻想自己就是童话里面的人物，在那些神奇的世界里生活。

有一次，法拉第读了《一千零一夜》里那个渔夫和魔鬼的故事，他感到十分惊奇，一直在想象那个魔鬼是如何变成一股青烟，又如何生活在一个小小的瓶子里的。

法拉第还读到了莎士比亚的戏剧集中的《天路历程》，书中主人公的命运一连几天牵动着少年的心。

每天晚上收工以后，法拉第就坐在工作台前，一动不动地聚精会神地看书。他有一个很好的习惯，就是看书时边看边记，看到好的插图，还要特意临摹下来。

顾客不断地把书送来书店进行装订，法拉第因此有机会接触到许多难得的好书，其中有名著，也有通俗读物，有时还能碰到独家收藏的图书珍品。

凡是法拉第装订的书，他都要默默地浏览诵读一遍。待书装订完毕，他对书里的内容也有大概的了解了。

一天晚上，法拉第正看得走火入魔，一会儿发笑，一会儿皱起眉头，连利博先生进来都没发觉。利博先生看着他那傻劲，不由得笑出了声。

笑声惊动了法拉第，他回过头来，窘迫得小脸通红，心里想，这回准得挨一顿骂。

利博先生是个好心肠的人，他不但没生气，胖胖的脸上笑出两个酒窝，他对法拉第说："迈克尔，我知道你是个好学上进的孩子，好好地读书吧！想读什么就读什么，通晓书中的内容并不会妨碍你成为一个好订书匠的。别的订书匠只晓得书的封皮，而你却知道了书的内容，这并非一件坏事。"

法拉第碰上这样好的老板，心里乐开了花，他更加孜孜不倦地读起书来了。

法拉第渐渐被书中那色彩斑斓的世界深深吸引住了。书中那精美的插图，新奇的知识，对法拉第而言都具有无法抗拒的诱惑。每一本经他装订的书，他都要认真地阅读。

这时的法拉第读书没有选择，内容非常庞杂，涉及面很广。其中，最吸引他的是一些通俗易懂的科普读物。

有一次，法拉第读到一位教育学家写的关于自学方法的书《心智论》，了解了科学的学习方法，他对科学的兴趣就更浓厚了。

歌德说过："读一本好书，就是和许多高尚的人谈话。"

少年法拉第每读到一本好书，就像结识了一位良师益友，从中得到很多启迪。

正是这些书籍，把他引上了科学的道路，也正是这些书籍给他辉煌的一生打下了基础。

迷恋科学

科学家不应是个人的崇拜者,而应当是事物的崇拜者。真理的探求应是他唯一的目标。

—— 法拉第

逐渐爱上科学

随着阅读面的不断扩展，法拉第的知识也越来越宽广。在有了对科学的兴趣后，他又相继读了一些指导人如何读书的著作，特别是沃茨博士写的一些书，对他的影响更大。

从此，法拉第读书不再盲目了，他开始有意识地进行选择性阅读，并从中汲取智慧的营养。

这样，法拉第学会了怎样更好地选择读物，提高学习的效率。对于法拉第来说，读书使他获得了很大益处。

在法拉第的眼中，每一本新书都像一艘船，正在把他从狭窄的港湾带进了广阔的知识海洋。

通过读书，迈克尔一步步走上了科学道路。

在利博先生的店堂里，迈克尔有幸读到了马赛夫人写的《化学漫谈》。

这天，有位贵族家的女仆人送来一本名叫《化学漫谈》的科普读物，法拉第一面细心地修补这本破损不堪的书，一面一页一页地翻看着，津津有味地读了起来。

书中介绍的化学知识引起了法拉第极大的兴趣，尤其是其中的电知识，使他认识了一个神奇的领域，法拉第被深深吸引住了。

接下来的几天时间，法拉第一直都舍不得放下这本书，特别引起他注意的是，作者马赛夫人提到意大利科学家伏打发明的"伏打电池"。

书中说，伏打将银片和锌片叠在一起，浸在盐水中，就做成了一个小电池，这是人类第一次使电流源源不断地流动起来。为了表彰伏打的贡献，学术界把这一发明命名为"伏打电池"。

马赛夫人还写道，如果把足够量的伏打电池串联起来，就可以把水分解成两种气体。

而一点火，这两种气体的混合气体就会发生强烈爆炸，然后又重新变成水。啊，化学和电，竟如此奇妙啊！

这些神奇的化学实验打动了法拉第的心，他多么希望有机会可以亲手做这些实验。同时，他也希望可以读到更多类似的科学读物。

《化学漫谈》被取走后，法拉第又开始大量阅读其他书籍。这时，在他的生活中，最重要的事就是做好工作和读书。

幸运的是，利博先生是一个非常好的老板，他不但没有责备法拉第不守本分，反而还鼓励他读书。

利博先生看着法拉第聚精会神地读书，一会儿沉思，一会儿比比画画，一会儿又抄抄写写，心里想："我是开装书店的，爱看书的人我见得多了，可是像这个孩子这样爱书如命的人，倒真是少见。这个孩子真是很特别。"

过了一段时间，在一个细雨绵绵的下午，有一位绅士抱着一本《大英百科全书》，走进了利博先生的铺子，与利博先生谈过以后，就很快离开了。

法拉第小心地接过这本非常厚重的书，当他看清楚书名时，高兴得差点跳了起来。

书很厚重，由于不小心被水浸湿了，封皮和书脊脱胶了。把这部书修好并不十分困难，法拉第像修复一件艺术品，十分谨慎地把书重新装订好。

法拉第对这些工序已经非常熟悉，他先把书进行了烘干，然后上胶，最后又用钢尺加压，不大一会儿工夫，这本书就像新的一样，呈现在了小法拉第的面前。

工作完成后，法拉第迫不及待地读了起来。这本百科全书内容丰富而系统，正是它带领着法拉第走进了科学殿堂的大门。

当法拉第读到《电学篇》时，被其中的内容深深吸引住了，电的神奇引起了法拉第无穷的兴趣。

在这一部分内容中，法拉第初步了解了有关电的知识，还知道了富兰克林、吉尔伯特等电学研究先驱的事迹。

拿一根玻璃棒在毛皮上摩擦几下，玻璃棒就能吸引纸屑，这就是电。这个他知道，他在别的书上看到过，而且自己也实验过这小小的电的吸力。

可是现在《大英百科全书》里说，可以把这些细微的电一点一滴地储存起来，储存多了就可以"啪"的一下放出一个火花，像天上的雷鸣、闪电一样。

不是在天上，而是在地上，就在自己家里，能够制造出隆隆的雷声、耀眼的闪电，真是太有趣了！

科学家们关于电和磁的研究是那么有意思，给法拉第留下了深刻的印象，这促使他抱定终身从事电学研究的决心。

用今天的眼光评价，那部全书中有关电学的论述实际上十分的简单肤浅，但法拉第一生致力于探索电磁之谜，并且取得惊人的成就，这部《大英百科全书》对他的启蒙起了重大的作用，可以说这本书是打开少年法拉第智慧之门的钥匙。

在阁楼里搞实验

《大英百科全书》里讲的那些电的现象，马赛夫人讲的那些化学实验，把迈克尔完全给迷住了。他很想实验一下，看看这个马赛夫人说的是不是对的。

法拉第对书里提到的实验充满了无比的好奇，马赛夫人书里说的伏打电池、分解水、合成水等实验，天天在法拉第的大脑里盘旋着。

法拉第想象自己像雷神一样，驾驭着雷鸣电闪，他想象自己像水神、火神一样，能叫水变火，火生水，他想象自己也像那些头戴礼帽，夹着一大沓书到店里来装订的教授那样，有自己的实验室，一天到晚可以专心致志地埋头做实验。

那时的电学实验还处在初始阶段，不需要什么高级精密设备，化学实验也相当简单，有一些瓶瓶罐罐、玻璃器皿即可。

不过对一个十三四岁的穷学徒来说，要筹措这些实验用品，也不是一件简单的事，那是需要钱的。穷学徒哪里来的钱呢？

贫穷像一块巨石，横在法拉第面前，阻挡他走上科学之路。但是困难是挡不住法拉第对科学的浓厚兴趣的，他收集着每一样可以用得着的东西。

有时候，法拉第还利用休息时间，到工厂的废品堆里去找一些钢丝和旧锌片，以及其他一些可以用的小零件，或者跑到药房里去捡人家扔掉的小瓶子，再或者，花半个便士买一点便宜的药品。

然后，法拉第再抱着这些捡来的、买来的东西，兴冲冲地回到自己的小阁楼里，装备自己的小实验室。

此外，法拉第还按照书上的插图，自己动手做了一些小装置。他从不乱花钱，把所有的零用钱都一点点积攒起来，然后买一些无法解决的设备和药剂。

就这样，法拉第在自己住的房间里建起了一个小小的实验室。房间本来就窄小，现在摆上这一堆宝贝玩意儿，就显得更加拥挤了。

不过，法拉第置身于自己的小天地里，却如鱼得水般快活。从此，一个个实验给法拉第带来了无穷的乐趣，他逐渐沉浸在自己的实验中，充分领略着知识的奥妙。

法拉第已经无数次想象自己的实验，书中描述的实验情节，法拉第早已刻在了头脑里，闭上眼睛也知道是什么样子。可是自己现在的这些瓶子实在太小了，根本就不能用来做较大的实验，到哪里去找大瓶子呢？

有一天，法拉第在一家旧货铺里看到有玻璃瓶子卖。中等大小的两个卖一便士，大的两个卖六便士。

法拉第眼前一亮，高兴得差点叫出声来。原来那些大瓶子的大小，正好同书上讲的储电瓶和起电机一样。

有了这样的两个瓶子，就可以做一套绝妙的电学实验仪器了。法拉第想，这一点儿都不比《大英百科全书》上讲的差！可是要花上六便士，哪里来这么多钱呢？

思来想去，法拉第还是决定先把两个中等大小的瓶子买回来，也许能将就着用。

于是，法拉第就把那两个瓶子买了回来。他开始照着书上画的样子做了一个起电机，法拉第满心以为这次要看到美丽的情景了，那可是无数次在梦中出现的情景啊！

可是结果却让法拉第有点失望，因为实验的结果，根本就没有达到他理想中的状态，这可怎么办呢？

法拉第想了又想，他知道这是因为电量不够，要大瓶子才能容纳足够多的电。

可是一个大瓶子要三便士呢！法拉第可没有那么多钱，他只好无奈地耸耸肩。不过他不会放弃，他下决心一定要攒钱。

为了这个价值三便士的大玻璃瓶，可怜的法拉第每次出去送书，他总是不由自主地拐到那家旧货铺的门前，把那个瓶子看上两眼，然后才依依不舍地离去。

也不知道经过了多少个星期，法拉第终于凑够了六便士，他终于可以把两个大玻璃瓶买来了。

那一天，法拉第雄赳赳、气昂昂地抱着自己心仪已久的两个大瓶子，像捧着宝贝一样把瓶子捧回了阁楼。

从此，每天晚上一下工，法拉第就钻进那间阁楼实验室，点上一支蜡烛，开始做实验。

以前法拉第从未经过严格的实验训练，而在这一时期的实验，恰恰弥补了他这方面的不足。

由于每一件仪器，每一点药品、试剂都来之不易，所以法拉第倍加珍惜。

对每次进行的实验，法拉第都本能地设计好周密的实验步骤，仔细观察和分析实验的结果，以免造成任何一点浪费和不必要的损失。

正是这种非常的境遇，培养了法拉第超凡的实验本领和善于观察的能力。这对他以后在科学道路上纵横驰骋，起到了极其重要的作用。

因为一个科学家能否取得重大成就，在很大程度上取决于他是否严谨和仔细。

法拉第有一个笔记本，里面用工整的小字抄录了《化学漫谈》和《大英百科全书》中的电学和化学实验，还配有精美的插图。

按照书上的说法，如果把锌放到盐酸里，就能释放出一种可以燃烧的气体。于是，好奇的法拉第就照着书上说的去做了一个实验。果然，"噗"的一声，当锌放进去的一刹那，烧杯里的液体就燃烧起来，冒出蓝色的火苗。

这种会燃烧的气体就是英国的大科学家卡文迪许在1766年发现的氢气。《大英百科全书》上说，在玻璃瓶内外敷上一层锡箔，给它充上电便可产生猛烈的放电现象。

这便是著名的"莱顿瓶"和电震现象，是荷兰学者克莱斯特在莱顿城这个地方发现的，故名"莱顿瓶"。如果在瓶子里装有水，电震程度就会更加厉害。

法拉第为准备这个实验花费了许多时间和精力，除了大玻璃瓶，买锡箔又花了他四个便士，还有从瓶口伸出来的金属棒是找一个朋友要的，这根金属棒通过瓶里的水，同里层的锡箔相接，就形成了一个电极。

此刻，法拉第睁大了两眼，期待着神奇的放电那一刻的出现。他先用简易的伏打电池，给土制的莱顿瓶充足电。

然后，法拉第小心翼翼地用细铜线把外层锡箔和金属棒连接起来，就在细铜线接近金属棒的那一瞬间，果真有火花闪烁，还伴有"啪、啪"的响声。

啊！这不就是惊心动魄的雷电吗？法拉第看到这些，不禁欣喜若狂。通过自己的实验，他终于明白了雷电是怎么回事。

他高兴得如痴如狂，拍着手在小阁楼上又跳又叫：

"成功了！我成功了！"

法拉第已经忘记了自己在什么地方，也忘记了现在是几点钟。夜已经很深了，周围的人都早已进入了甜美的梦乡。除了他的那个小窗户里还摇曳着淡淡的烛光，四周已经是一片漆黑。

　　法拉第从实验中得到了莫大的乐趣。因为他的实验的确证明了书中所述内容的真实性，而且实验的成功使他觉得，这些现象就好像是他自己的发现一般。

　　在少年人的心中开始萌发了对科学的热烈向往。阁楼实验室也成了法拉第一生事业的起点。

　　法拉第就是这样，常常沉浸在他的实验中，忘记了周围的一切。

　　在那个时代，一般人说起化学，几乎就如讲着神话。

　　什么红的变白的，白的变红的，人们总是把这些当成魔术之类的玩意儿看待。至于电，噼噼啪啪，火光闪闪，人们更是觉得就像巫术那样神秘而又可怕了。

　　迈克尔每天就在小阁楼上不厌其烦地做着各种化学实验和电学实验，而且一做就直到深夜。他的"古怪"行为渐渐引起了利博先生和邻居们的注意。

　　一天，利博夫人发现餐桌上的食盐越来越少，一小罐食盐，两天就见底了。她十分纳闷，食盐到哪儿去了呢？原来法拉第用盐去做他的"伏打电池"实验去了。

　　"这孩子准是被实验迷住了心！"利博夫人摇着头说。

　　"任他去吧，盐又不值多少钱！"利博先生非常大度。

　　"这孩子将来说不定会有大出息呢！"

　　每天夜里，"乒乓""噼啪"的声响不时地从阁楼里传出来，有时还伴有奇怪的闪光。还有一次，几股浓烟从小阁楼的天窗里喷了出来，这着实让邻居们大吃一惊。

　　在当时，化学实验对一般人来说是根本就无法理解的东西，他们把实验中那些变来变去的颜色、"啪啪"的火花和"嘶嘶"作响的气体，都看成是魔术之类的玩意儿。

　　于是，左邻右舍们都开始议论这件事。

周围的邻居听到声音都担心地议论：

"你说利博家那个小徒弟是不是不正常，一天到晚摆弄那些乱七八糟的东西。"

"我老闻到他那间小阁楼里有股难闻的气味，还不时发出点儿奇怪的声音，有时还有火光，他迟早得闯出大祸。"

"他该不会是中邪了吧？要不叫利博先生带他去医院看看。"

"那孩子深更半夜又叫又笑，莫不是精神病吧？"

"那孩子中了邪，他在玩鬼火哪！"

"利博老板，你那个小学徒每晚在楼上搞什么鬼啊！别把房子点燃了！"

"唉，还是把他带到医院去看看大夫吧，也许是患了梦游症。"

左邻右舍告上门来，利博先生听到这些风言风语后开始有些担心，怕法拉第不小心把自己电死，或者把房子点着了。这一天，他找到法拉第，对他说：

"孩子，我不知道你在搞些什么，但是你一定要小心，别胡来，千万别闯祸。"

看着利博先生慈爱、关心的眼神，以及神情中掩藏不住的担忧，法拉第笑着说：

"利博先生，您不用担心，我是在做科学实验。这都是我从书上学来的，都是有科学根据的，不是胡来，不会出问题的。要不，您到我的实验室来，我表演给您看。"

利博先生决定亲自上小阁楼看看小法拉第每天晚上在楼上搞些什么，利博先生和太太在法拉第的带领下，来到了他的小阁楼。

法拉第在前面打开门，一股刺鼻的气味立即涌了出来。

利博先生向法拉第的身后望去，只见桌上地下全是些杯杯钵钵、瓶瓶罐罐，犹如上世纪的博物馆，又如一个废品收购站，满屋子散发着刺鼻的酸气。

利博太太看着这么乱的房间，不禁连连摇头。可法拉第一点儿也不在乎自己住处的环境问题。

"啊，这就是你的实验室，大师？"利博先生开玩笑地说道。

只见法拉第熟练地把不同的东西不停地掺在一起，就好像变魔术一样，不同的颜色在他手中变换，有时还会出现火花、烟雾。

望着"噼噼啪啪"的火花，利博先生露出了惊奇的笑容，利博太太也看呆了。

然后，法拉第对利博先生和他的夫人说：

"我是照着书上讲的做实验，请你看看我的笔记，里面就是这样写的！"

利博先生翻看着小法拉第工整的笔记本，不禁赞叹他的细致和耐心。利博先生明白了，法拉第是在勤奋学习，不是在瞎玩。

利博先生拍着法拉第的肩膀说：

"孩子，你这是在做科学实验，可千万要小心，注意安全呀。"

利博先生和太太虽然并没有看懂这些实验，但是他们都被法拉第热情、全神贯注的精神所感动。

利博太太摸着法拉第的头，一边笑着一边摇头说：

"我一直在奇怪，为什么盐罐里的盐总是很快就没有了，老鼠又不偷盐吃。原来这些盐都被你这只小老鼠弄到这个实验室里，做什么电池了。你喜欢做实验没什么的，但是一定要注意安全，要小心。知道了吗？"

法拉第仔细地向他们解释放电的原理，令他遗憾的是，利博夫妇如坠云里雾里，一脸的困惑。

法拉第开始感到，如有机会遇到对科学有兴趣的人，同他们一同讨论，该有多好啊！

然后，利博夫妻俩下楼了，他们边向楼下走，边谈论着这个不寻常的孩子。

利博先生对他的妻子说：

"迈克尔这个孩子很特别，可以看得出来，他并不是在闹着玩，他是在努力追求自己的理想，他将来一定会很有出息的。"

在这里，利博先生的装书店起到了对法拉第进行最初的科学知识启蒙的作用，使少年时代的法拉第迈出了向科学圣殿前进的第一步。

时光如流水一般逝去。五年以后，法拉第已经成了一个大小伙子；他的科学知识，也随着年龄增加而不断增长。

法拉第已经不是一个普通的订书匠了，几年的努力使法拉第进入了科学之门的门槛。

他在等待机遇，一有机会，他就会跨过门槛，深入到科学的腹地。

贫困的科学爱好者

1810年初，一个中等身材的小伙子，身上穿着单薄的衣服，腋下夹着一包书，在舰队街上匆匆地行走着，他就是法拉第。

时间过得飞快，转眼间，法拉第在利博先生的铺子里当学徒已经有五年的时间了。

现在法拉第的手下已有两个报童可以供他差遣了，可是还有许多事情，东家交给别人做不放心，还是情愿叫法拉第亲自去做才满意。

比如，书籍装订好以后就要及时送回到顾客家里。像这类事情，是常常要法拉第亲自去做的。

在那个年代里，书籍被人们视为很贵重的物品，有些顾客对装订很是挑剔。利博先生认为把书交给法拉第送，那是一定不会出差错的。

因为，利博知道这小伙子爱书如命，绝不会把书弄脏弄坏的。东家知道这一点，顾客也知道这一点。

这一天，法拉第像往常一样去给一位顾客送修补好的书，夹在法拉第腋下的是英国著名诗人弥尔顿的代表作《失乐园》和《复乐园》，他要把书送到一位医生家里。

法拉第为了抓紧时间，在街上走路总是急匆匆的。那些豪华的大商店，橱窗里陈设得琳琅满目，但从来也引不起他的兴趣。

可是今天，法拉第突然间停住了脚步，眼睛盯着海报栏上张贴的一张海报，一动也不动。

这张海报同其他所有的招贴都大不相同，它没有花花绿绿的颜色打扮，白底蓝字，朴实无华。但是海报上的内容，却像有魔力一样，法拉第被它深深地吸引住了。海报上写着，塔特姆先生准备在多西特街53号做自然哲学讲演，每次听讲收费一先令，也就是12便士。

在当时，人们用"自然哲学"来泛指自然科学，尤其是物理学。

工业革命带动了人们追求科学的兴趣，逐渐在上流社会形成了一种风潮。所以，经常有一些科学界的名人在自己家举办科普讲座。

自然哲学，这正是法拉第喜欢的内容，要是能去听一次课该有多好，他是多么想去听讲啊！

法拉第下意识地把手伸到了裤袋里，渴望这个时候口袋里能有一先令，可是他只攥到了一把裤袋布，口袋里仍旧空空如也。不要说一先令，就连一个便士他也没有啊！

法拉第觉得自己的心跳得是那样地快，自然哲学讲演对他来说有着无法抗拒的魅力。

虽然说自己根本就没有钱去听讲座，可是法拉第还是在那张海报前站了很久，仿佛这样就可以听到讲课似的。

天色已经渐渐黑了下来，法拉第不由得轻轻地叹了口气，一步一回头地离开了那里。

法拉第的宝贝莱顿瓶花了他那么多的心血，也没有用上一个先令。而如今，如此昂贵的入场券，实在是令他望而却步。

可是这个诱惑力对法拉第来讲实在是太大了，他实在是不忍心错过这次大好的机会。一路上，他都在心里琢磨着这件事，如何才能搞到这一先令的入场券钱呢。家里实在是太穷了，根本无法给自己拿出一先令来。

等到法拉第把书送到指定地点，然后再回到铺子里，天色已经很晚了。平时，法拉第总觉得利博太太的手艺很好，可是今天面对着满桌可口的饭菜，他却一点儿胃口也没有。

法拉第匆匆吃完晚饭，就回到了自己的小阁楼里。

这间小阁楼屋顶是斜的，窗户很小，里面又冷又暗。可是只要关上那扇薄薄的房门，这里就是他的世界了。

在这个世界里，没有财富，也没有贫困，只有他法拉第一个人，陪伴着他的是他收集、制作的药品和仪器。

要在平时，法拉第只要从床底下、桌子底下把那些小瓶子、大瓶子搬出来，就能忘却外面世界的一切，陶醉在自己的科学世界中，感觉到的是五彩缤纷、温暖、光明和幸福。

但是在今天，法拉第却有点神不守舍了。他在自己的小阁楼里，看着一屋子的实验设备和药剂，一点儿也找不到往日的那种快乐。他的心仍然被那梦寐以求的讲座吸引着，无法逃避，也无从逃避。

海报上的那几行显眼的大字在法拉第的头脑里不停地转动着，跳跃着。

法拉第斜靠在床上，用手摸了摸自己的额头。莫非是自己感冒发烧了？没有。于是，法拉第又坐起来，环顾这间小阁楼里的"财产"。这里都有些什么呢？

不过是一些瓶瓶罐罐。这是他的全部家当，他每星期的零花钱，全都买了这些东西。

总共计算起来，这些东西也得值好几个先令的。可是还不够听几次讲演的钱！自己辛辛苦苦积累了好几年，难道还不值塔特姆先生的几次讲演？

不，这太不公平了。管他什么塔特姆，我自己不是也可以做那些和书上一样的实验吗？

法拉第拿出起电机来，想接着做昨天晚上的实验。他眼睛盯住记录实验结果的本子，手里摇着起电机。

可是，刚摇了几下，海报就又钻进了法拉第的脑海。"塔特姆先生，自然哲学讲演"，"塔特姆先生，自然哲学讲演"……

法拉第发现自己记录实验的本子上，全都成了海报上的那两行字。法拉第越想越心烦，早早地就上床睡觉了。

法拉第提前上床本想借睡眠来逃避残酷的现实,可是这个办法根本就不管用。他翻来覆去,怎么也睡不着。

　　法拉第躺在床上,望着天窗外茫茫的星空出神,久久无法入睡,白天看到的海报还是不断地在眼前闪现。

　　不知道过了多长时间,他才迷迷糊糊睡着了,那天晚上他做了一个梦。他看见塔特姆先生长着一脸大胡子,笑容可掬地从讲台上走下来,向他伸出手道:

　　"亲爱的小伙子,欢迎你免费来听我的讲座!"

　　法拉第喜出望外,高兴地跳起来。

　　不想,"咚"地一下撞在天花板上,原来是空欢喜一场。他多么希望能有奇迹出现啊!

认真聆听科学演讲

　　自从看到海报的那一天起，法拉第的全部心思就都放在了自然哲学讲演上，他已经有些着魔了。

　　现在的法拉第，要么一个人没精打采地坐在某处沉思，要么兴高采烈地和每一个人谈论着塔特姆先生的讲座，看样子就好像他刚从塔特姆先生家回来一样。

　　星期天，法拉第回到了家里，可是那个广告还在他的眼前不停地晃动。他几次试图要把广告的影子从脑海中抹掉，但都没有成功。

　　法拉第到了家，就忍不住拉着哥哥洛博大谈特谈塔特姆先生的自然哲学讲演。

　　看着兴致勃勃、神采飞扬的弟弟，洛博也被他快乐的情绪深深感染了。

　　"这位塔特姆先生一定很有名吧？"洛博问。

　　"那当然了。"

　　"他讲演时是不是也会做那些你给我表演过的实验？他讲得精彩吗？他长得什么样？"

　　面对哥哥接连提出的问题，法拉第说不出话了。他根本就没听过塔特姆先生的讲演，他怎么会知道这么多呢！

　　洛博似乎看出弟弟不太对劲儿，便关心地问：

　　"你怎么了？怎么不说话。"

　　"我，我根本就没去过塔特姆先生家，没听过他的讲演。"

　　"怎么会这样，为什么？"

　　"他每次要收一先令，太贵了，我没有那么多钱。"

"哦，原来这么回事啊！"洛博耸了耸肩膀说。

洛博到利博先生的店里去过，看过法拉第摆弄那些电学仪器，产生"噼里啪啦"火花的时候又跳又叫，表现出一副欣喜若狂的样子。

洛博知道，这些自然哲学的玩意儿，是法拉第生活中最大的快乐。法拉第要是有钱，不用说每次一先令，每次一镑他也会去的。

洛博看着弟弟失望的神情，再想想刚刚那个神采飞扬的迈克尔，毫不犹豫地掏出一个先令，递给了他。

"来，拿着，哥哥出钱，你去听讲演吧。"

"不，我不能拿你的钱，我根本就不想去。你才满师，挣不了几个钱，还要养家，还要给爸爸看病，还要……"

法拉第一口气说道。

"没关系，我还有钱，拿着吧。你那么喜欢那些东西。"

最终，哥哥的坚持和对科学的热爱使法拉第让步了，他收下了洛博的钱，准备去听塔特姆先生的自然科学讲演了，这不是因为他太自私，是科学对他的吸引力太大了。

法拉第拿着哥哥给他的钱，得到利博先生的许可，到多西特街53号塔特姆先生的客厅里听自然哲学讲演来了。

塔特姆先生的客厅里座无虚席。法拉第坐在前排的正中央，他安安静静、全神贯注地倾听着演讲，并不时地用笔做着记录。

有趣的是，法拉第感觉塔特姆就像在梦中见到过一样，他长着一脸的大胡子。他的知识非常渊博，善于运用比喻，这次讲座非常精彩。

法拉第的笔记本上不但写下了一行行工整

的小字，记下了塔特姆先生的讲演，而且把塔特姆先生做实验用的仪器也仔仔细细地画了下来。

法拉第从小就练得一手好字，至于图画，他是刚从一个名叫马克里埃的法国画家那里学来的。

这位马克里埃先生曾经在巴黎红过一阵，他还给拿破仑皇帝画过肖像。他像许多拥护过大革命，追随过拿破仑的法国人一样，到后来终于厌烦了皇帝陛下无休止的征战。

很自然地，时间长了，在马克里埃感到厌烦的时候，皇帝陛下对他也开始厌烦了。于是，他不得不横渡英吉利海峡，来到法国流亡者的大本营——伦敦。

巧得很，这位法国画家就借住在利博先生铺子的楼上，和法拉第成了邻居。对于法拉第来说，这可真是个难得的好机会。

这个小伙子，对世上的一切都觉得那么的好奇，似乎任何东西都对他有着无穷的吸引力。他什么都想学会，而现在正有一位画家就住在旁边，要是不向他学习绘画，那就太可惜了。

法拉第想，要是能够学会投影和透视，逼真地、艺术地把眼前的东西画下来，就像那些书里的插图一样，那该有多好啊！

马克里埃看法拉第学画心切，就答应教他。然而，作为交换条件，法拉第要替马克里埃擦皮靴、收拾房间。

这位画家是位很挑剔的人，而且患有艺术家的通病：散漫与不修边幅。

他的房间总是像鸡窝一样乱糟糟的，又像是经过改造的颜料工厂，但他却要求自己脚上的皮靴永远锃亮。

这可把法拉第给难住了。常常是法拉第刚刚把房间收拾干净，保持不了三分钟的整洁，屋里就又成了花花世界。

然而，艺术家的心眼并不坏，他教法拉第画画也挺认真，可是有一点，就是他的脾气不怎么好。有时候，明明是他自己把皮靴弄脏了，却骂法拉第懒惰，没有替他擦亮。

有好几次，法拉第都被艺术家给骂火了，他实在忍不住就想对骂："去你的吧，法国鬼子！你那双该死的皮靴，还有你的画，通通见鬼去吧！"

可是，有着超常耐力的法拉第终究还是忍住了。他压住怒火没有骂出声来，他把一切都压在了心底，继续坚持学下去。

现在，法拉第看着自己在塔特姆先生讲演时候记下来的图画，心里很高兴。

只要付出了辛劳，就一定会有所收获，学到手的知识，总会有用处的。法拉第真真切切地体会到了这个道理。

法拉第听完塔特姆先生的讲演，回到利博先生的铺子里时已经是深夜了。

楼上楼下的人全都睡了，可是他却像朝圣归来的宗教信徒一样，胸中燃烧着一团火。

法拉第坐在轻轻摇曳的蜡烛前，拿起了鹅翎笔。

他耐心细致地把笔尖修得尖尖的，然后便开始誊抄自己听演讲时所做的潦草笔记。演讲中听到的每一句话，他都细细地推敲，每一张图，他都要求精益求精。

哥哥洛博看到法拉第对听讲座有着如此大的兴趣，便又给了他几个先令。

如此一来，在哥哥的无偿帮助下，从1810年2月至1811年9月，法拉第断断续续地听了十几次塔特姆先生的讲座。

法拉第每次去听讲座都觉得自己充实异常，同时，通过听讲座他还结识一些新朋友，他们也都是热爱科学的年轻人。大家彼此交流，法拉第顿觉受益匪浅，也开阔了视野。

在这一年多的时间里，法拉第的笔记已经有厚厚的一叠了，他把誊抄清楚的笔记装订起来，起名为《塔特姆自然哲学讲演录》。

对于这本书，法拉第就像装订《大英百科全书》那样仔细、认真，因为这可是他第一次记录科学知识。

后来，法拉第把这本自己记录、自己装订的《塔特姆自然哲学讲演录》送给了利博先生。

利博先生捧着这份礼物，戴上老花眼镜，仔细地察看它的装帧工艺。从封皮、书脊和扉页的安排，再到书写的款式，全都察看到了。他看完礼物，慢慢抬起头来，和法拉第炯炯有神的目光正好相遇了。

利博先生捧着这本书，对法拉第微笑着，同时嘴里不停地说着：

"谢谢！孩子，真是太谢谢了！"

利博先生知道，这本讲演录浸透了法拉第的心血。看得出来，其中的每一个字，每一幅图，一笔一画都是那么仔细。而在装订设计上，法拉第也费了不少心思。

这么珍贵的东西，法拉第舍得将它送给别人，一定是对那个人充满了尊敬与爱戴。

利博先生了解法拉第的想法，所以他把这本讲演录当作珍宝一样小心地收藏了起来。

利博先生心里说：

"孩子，你是很特别的。随便做什么事情，你都那样认真。"

是的，法拉第做事特别认真，这是贫困磨砺出来的品质。因为他穷，因此他比一般人更珍惜生活给他的每一个机会。

年轻的法拉第看上去外表沉静、谦和，沉默寡言，脸上总是挂着友善的微笑，但他的内心深处却潜藏着一种澎湃的激情和坚忍不拔的毅力。

法拉第这个铁匠的儿子，无论是贫穷、磨难，还是艰苦的环境以及其他任何的诱惑，都无法动摇他的坚强的意志。否则，他的一生恐怕真的会埋没在装书店里！

法拉第做任何事情都十分认真，他喜欢装订工作，干起活来总是勤勤恳恳，但那只是一种敬业的表现。他真正的梦想，是从事科学研究。

《化学漫谈》《大英百科全书》在法拉第心中点燃的圣火，一直未曾熄灭。每当他躲在自己的小阁楼里，摆弄电瓶，或是那些五颜六色的化学药品时，他便把一切烦恼都抛到了九霄云外。

塔特姆的自然哲学讲座，把他心中的圣火，扇得更旺了。十几次聆听，一本精装的笔记，法拉第已经十分满足了。

一个青年装订学徒，能够站在科学的门边向里张望，他觉得是一种幸运，是一种满足。

"自己能够走进这座殿堂吗？"这个念头，时常像闪电一般掠过法拉第的脑海。

得到好心人帮助

在书籍装订行业里，利博先生也是一个很特别的人。他脾气特别好，为人处世也非常讲信用，不少学术界人士都把书送到他的店里装订，所以铺子里的生意一向都很兴隆。

这样一来，也给法拉第提供了认识上流社会绅士的绝好机会，其中有些人还是专门从事科学研究的，皇家学院的丹士先生就是其中的一位。

丹士先生个子瘦高，犹如一只仙鹤。他待人幽默慷慨，每次来到店里的时候，他总要给法拉第说句笑话，所以和法拉第很熟。

在很早以前，丹士先生每次来装书店，也都会注意到法拉第。

因为法拉第干活又快又好，尤其是他会将装订好的书捧在手里，喜欢眯起眼睛里里外外端详一番，并不停地翻看着，完全是一副痴迷的样子。

法拉第的这些动作，丹士早就看在眼里。他由此也知道法拉第是一个非常爱书的孩子。

丹士先生觉得法拉第和别的孩子不一样，而且法拉第的举止也很特别。

出于好奇，丹士先生主动和法拉第攀谈起来，聊了一会儿，他就感觉到了这个小伙子对科学的热爱。

从此，法拉第给丹士先生留下了很深的印象。

有一天，丹士先生夹着一摞书，跨进了利博先生的店堂。他一眼就看到坐在角落里干活的法拉第，就把书交给利博先生，自己走到法拉第面前，看他装订书。

丹士先生俯下身来轻轻拍拍法拉第的肩头说道：

"哇！小老弟，最近又有什么大作出手？"

"喔，是丹士先生，我正在装订别人的经书。"

法拉第抬起头来，腼腆地笑道。

这时，利博先生神神秘秘地来到丹士先生面前，寒暄之后，他微笑着问丹士先生，是否愿意看看法拉第自己装订的笔记。

丹士先生说十分喜欢。

利博先生小声说：

"请您等一会儿，丹士先生，我这就去取。"

丹士先生等了一会儿，就见利博先生小心翼翼地捧着一本书走了出来。刚开始，丹士先生还以为这是利博先生收藏的珍本，接过来一看，才知道原来是一本笔记，封面上写着几个漂亮的花体字"塔特姆自然哲学讲演录"。

当丹士先生知道这是法拉第的"杰作"时，真是惊叹不已。

他带着不相信的表情，随便翻开一页。然而，丹士迅速被书里面详尽的记录、精美的插图所吸引，看得他赞叹不已。

丹士不停地翻看着，读着里面详尽而准确的记录，欣赏着一幅幅精美的插图，嘴里不时发出赞叹的声音。

这本讲座笔记之工整、内容之详尽，完全在他的意料之外，尤其是还配有素描的插图，足见记录人的细心和扎实的功底。

这本册子显示出法拉第对科学内容的理解力和严谨的作风，给丹士先生留下了很深的印象。

丹士先生被这个小伙子的学习精神深深打动了，他觉得他必须为这个好学的孩子做点儿什么，帮他学到更多的东西。

"皇家学院你去过吗？"丹士先生问法拉第。

"没有去过，先生。"法拉第说。

"那你对皇家学会的一些情况有所了解吧？"丹士先生问道。

"嗯,听说它是前几年成立的……"

丹士先生一下乐了:"很多人都以为皇家学会才成立几年。实际上,早在17世纪60年代它就建立了,伟大的牛顿就曾任皇家学会的会长。"

法拉第聚精会神地听着丹士先生说下去。希望进一步了解英国皇家学会的历史。

原来英国皇家学会是英国资助科学发展的组织,成立于1660年11月,并于1662年、1663年、1669年分别领到了皇家的各种特许证。

英国女王是学会的保护人,全称"伦敦皇家自然知识促进学会"。这个学会的宗旨是促进自然科学的发展。它是世界上历史最长而又从未中断过的科学学会。它在英国起着全国科学院的作用。

英国皇家学会的成立是在1660年查理二世复辟以后。当时伦敦重新成为了英国科学活动的主要中心,对科学感兴趣的人数大大增加,人们觉得应当在英国成立一个正式的科学机构。

因此伦敦的科学家在格雷山姆学院克里斯托弗·雷恩一次讲课后,召集了一个会,正式提出成立一个促进物理和数学实验知识的学院。约翰·威尔金斯被推选为主席,并起草了一个"被认为愿意并适合参加这个规划"的41个人的名单。

不久,罗伯特·莫雷带来了国王的口谕,同意成立"学院",莫雷就被推选为这个集会的会长。

两年后查理二世在许可证上盖了印,正式批准成立"以促进自然知识为宗旨的皇家学会"。

布隆克尔勋爵当上皇家学会的第一任会长,第一任的两个学会秘书是约翰·威尔金斯和亨利·奥尔登伯格。

皇家学会的会员在1660年创立时有100余人,到10年后增加到200余人,但是在17世纪快要结束时,人们对科学的兴趣开始下降了，所以在1700年时只剩下125位会员。

从这以后会员人数又增加起来，到1800年达到了500人，但是500人中真正谈得上是科学家的还不到一半，其余都是些名誉会员。

最后，丹士先生说：

"这个以传播科学知识为宗旨的最高科学机构，曾经几度衰落几度兴盛，直到1799年，就是你刚才提到的时间，才由皇室正式成立了皇家学院。里面有图书馆，还有一流的实验室，每周五都有演讲会，你应该去那里听一听。"

"我？是的……我很想去。"

法拉第兴奋得脸都红了，心里却想这是永远不可能的。不过通过丹士先生介绍，法拉第对英国皇家学会有了更深的认识和了解。

几天之后，丹士先生又来到装书店，法拉第看到丹士先生走来，就放下手里的裁剪刀，拿起一本厚书，准备请教。

可是丹士先生却先开口了，他笑眯眯地问道：

"法拉第先生，你猜我给你带什么礼物来了？"

"丹士先生，您好。我猜不到，您带什么来了？"

"你告诉我，你想去皇家学院吗？你想去听戴维教授的化学讲演吗？"

"戴维教授！真的？"

法拉第觉得自己的心跳似乎停了一拍，在他的心目中一直认为戴维教授的讲座是世界上最棒的，去听戴维教授的化学讲演是他由来已久的梦想。

这时，只见丹士先生从口袋里掏出四张皇家学院的入场券送给了法拉第。

法拉第简直是难以相信自己的眼睛，但当他看见丹士先生表示肯定的微笑的神情和手中实实在在的入场券，这才深信不疑眼前发生的一切。

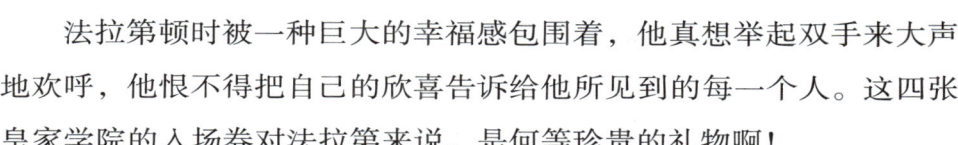

法拉第顿时被一种巨大的幸福感包围着,他真想举起双手来大声地欢呼,他恨不得把自己的欣喜告诉给他所见到的每一个人。这四张皇家学院的入场券对法拉第来说,是何等珍贵的礼物啊!

去听戴维教授的讲演是法拉第一直以来的心愿。他虽然并不认识这个戴维教授,可早已从丹士那里多多少少听说过他。

在法拉第的心目中,戴维先生几乎就是自己的偶像。可这一切对于一个穷学徒来说,是多么奢侈的愿望啊,在别人看来,他去听戴维先生的演讲是根本不可能的。

而这意外获得的四张入场券,对法拉第而言简直是天赐的礼物,这种喜悦是无法用语言来形容的,他感觉自己的手都有些发抖了。

丹士先生和蔼地看着法拉第,年轻人那双清澈透亮的大眼睛,泛出一片特别动人的柔和的光彩。

丹士突然间觉得,自己仿佛看到了这个年轻人灵魂的纯洁和内心的激情,看到了他的希望和理想。

"年轻人,你对一切都感兴趣。你对戴维教授的讲演一定会感兴趣的。你拿去吧,去听吧!"

说着,丹士把四张入场券全都塞在法拉第的手里。

法拉第一边小心翼翼地捏着入场券,一边激动地对丹士先生说:"丹士先生,您真是个大好人,真是太感谢您了!您如果有时间的话,能不能再给我讲点英国皇家学会的事情呢?"

听法拉第对科学如此感兴趣,丹士先生笑着说:

"好吧,给你介绍点关于皇家学院演讲的事情吧,这得先从伦福德伯爵说起。"

原来伦福德伯爵原名叫汤普森,他可是一位传奇式人物。

他1753年出生在美国,小时候当过学徒,靠着刻苦自学,当上了教师,后来又娶了一个有钱的寡妇,年纪轻轻就发了财。

美国独立战争的时候,汤普森加入了革命军。但他骨子里却是个保王党，在一个风狂雨暴的日子，他背叛了革命军，逃到一艘英国军舰上，从此便来到了英国。

汤普森聪明能干，风度翩翩，也很有智慧。因此，他不久就在英国的官场崭露头角。1784年，这个生性喜爱冒险的年轻人来到了慕尼黑，替巴伐利亚选侯效劳。

汤普森很快又赢得了新主人的青睐，仕途上可谓一帆风顺，他不久就当上了英国的国防和警察大臣，并且被册封为神圣罗马帝国伦福德伯爵。

从此，这个光耀门楣的姓氏就一直跟随着他，而过去那个穷小子、逃兵汤普森彻底被人们遗忘在脑后了。

伦福德伯爵除了追求在官场上发迹以外，他还特别喜欢研究科学。有一天在慕尼黑兵工厂视察，他发现钻炮筒的时候发出大量的热，能够把水烧开。

这些热是从哪里来的呢？按照当时流行的说法，热也是一种物质，叫热质。根据热质说，这些热是从炮筒和钻头上流出来的。

伦福德并不相信这种说法，他并没有看到炮筒和钻头的"热质"减少，他只看到，由于钻头和炮筒摩擦生热，它们的运动变慢了。

答案很清楚，热也是一种运动的能量，是大炮筒和钻头运动的能量变成了热。

怎样把科学应用到生产和日常生活上，这是伦福德伯爵最感兴趣的问题。

波意耳说过："哲学家除了头脑之外，还需要有钱包。"他这句话是在17世纪说的，到18世纪末，情况也没有多大改变。

科学是少数有钱人手里的奢侈品，科学研究还需要大量的时间。要么有一个报酬丰厚却又无事可干的公职，比如在没有外交可办的地方当外交官，要么有富翁出钱资助，要么自己有资产，否则是很难从事科学研究工作的。

当时的科学家和人民大众距离很远，老百姓不知道科学家在干什么，而不少科学家钻在象牙塔里，也不大关心老百姓的需要。

伦福德伯爵却有了新的想法，他想改变这种科学和生活脱节的状况，使科学为生活服务。

伯爵常到伦敦去，1796年他在伦敦发起募捐，想组织一个慈善性的学术机构。

伦福德伯爵想要成立的学术机构有两个宗旨，一是赈济贫苦人民，对他们进行职业教育，使他们获得就业机会；二是促进新发明和新技术的推广应用，特别是在节约燃料，改进家庭生活设施方面。

伯爵的倡议得到伦敦上流社会的广泛响应。然而，到1799年3月英国皇家学院正式成立的时候，已经和伯爵原来的倡议大相径庭。慈善性的学术机构演变成纯粹的学术机构。

英国皇家学院和公众发生关系，仅仅在于它定期举行各科通俗科学讲演。来听讲演的人，不再是以穷人为主，而是以贵族阶级为主了。

英国皇家学院是靠私人捐款办起来的，捐款的除了贵族官僚以外，主要是新兴的工业企业家。

因此，皇家学院应该为穷人服务，但是它首先应该为工业服务，因为只有工业发展了，穷苦大众才能找到比较好的职业，改善生活条件，这就是财东们的主张。

皇家学院首任院长由英国皇家学会会长约瑟夫·班克斯爵士兼任，掌实权的是理事会秘书，由伦福德伯爵担任。

伦福德大刀阔斧干了起来，他在艾伯马尔街买下了一幢四层大楼，把里面的房间改建成讲演厅、实验室、图书室和办公室。

格拉斯哥安德森学院的化学教授加内特，被邀前来担任学术秘书兼化学讲座的主讲人。很遗憾，加内特教授口才不好，再加上新近死了妻子，情绪低落，他的演讲对听众缺少吸引力。

加内特教授上任没有多久，伦福德伯爵就开始物色接替加内特的人，好多人不约而同向伯爵推荐了年轻的汉弗莱·戴维。

最后，丹士先生说：

"这个戴维还非常年轻，演讲的口才是一流，而且非常具有科学天才，你听了演讲就知道了，到时可别迟到啊！"

法拉第连声道谢，说一定不会迟到的。丹士先生拿起礼帽，轻轻扬了一下，走出了装书店。

对于法拉第来说，他感到了时间的飞跃。

1812年早春的那四个夜晚，法拉第看清了自己今后应该走的道路，下定了决心，他从一个孩子变成了成年人。

那些难忘的夜晚，像梦一样甜美！但它们却又是那样真实，就像他脚下的土地一样真实。过了许多年之后，法拉第回想起来，依旧历历在目，就像昨天发生的事情。

追逐梦想

　　即使在公认的、已经完全了解的科学部门中,科学也还是处在不完善的状态。

——法拉第

有幸接触名家

1812年2月29日那个晚上,法拉第终于盼来了第一次去听戴维讲演的机会,这是年轻的法拉第一生中最重大的时刻。

法拉第吃完晚饭,换上星期天上教堂才穿的干净衣服,走出了利博先生的铺子。

2月的伦敦,天黑得早。昏暗的街灯照着行人,投下长长的黑影,在积雪的人行道上很快地移动。

皇家学院在艾伯马尔街21号,是一幢凝重的白色四层大楼,离皮卡迪利广场不远。

这个广场是伦敦西区著名的商业中心,十分热闹繁华。每当夜色降临便车马喧嚣,灯火闪烁。

这些法拉第既看不见,也听不见,他像在荒野里赶路的人一样,匆匆穿过广场,来到了艾伯马尔街。

这个时候,法拉第突然站住了,在他面前是一幢灰白色的四层大楼,正面有14根高大的柱子,柱子上方的石檐上刻着"英国皇家学院"几个大字。

法拉第的心怦怦跳起来,从利博先生的铺子走到这里要不了多少时间，可是他好像经过千里跋涉来到了一个新世界的大门口，他期待、兴奋、喜悦、激动。

法拉第当学徒已经六年多了，这六年多来，他的每一个便士，每一个空闲的钟点及至青春的全部光华和热力，通通都奉献给了科学。

由于法拉第来得实在有点早，皇家学院的大门还没有开。荧荧闪烁的路灯映着楼前14根高大的廊柱，犹如14位把门的巨人，冷冷地看着他。

法拉第在人行道上走过去，又走回来，积雪在他脚下发出"嘎吱"声。他一边走一边想着皇家学院到底会是什么样？戴维又是什么样的人？

法拉第低着头在艾伯马尔街上来回踱步，心里想着戴维教授，忽然听到马的嘶叫声。他向后躲闪，一匹高头大马，鼻子里喷着白色的雾气，在他面前站住了。

从车上走下一位戴黑色礼帽，身穿黑色礼服的绅士和一位穿皮大衣的夫人。

皇家学院那两扇沉重的大门打开了，走出一个穿制服的差役，他谦恭地低着头，把绅士和他的夫人迎了进去。

这时，又来了几位听讲的人。有坐车来的，也有步行来的。男的、女的、年老的、年轻的都有。

法拉第不禁低下头，看了看自己那条磨出了经纬的单薄的呢裤子。他觉得脸上有点热，就深深地吸了一口气，掏出门票，跟在他们后面，走了进去。

这是法拉第生平第一次跨进皇家学院的大门，心情可想而知。大厅里，从天顶上吊下一座花篮形的吊灯，在灯光的照耀下，大厅金碧辉煌。

法拉第从未见过如此大的场面，一时有些不知所措，正在这时，忽然听到丹士先生在叫他的名字。

只见丹士先生也穿着漂亮的礼服，头上戴着礼帽，焕然一新。他是专门到前厅来招呼法拉第的。

法拉第不再感到窘迫了，他跟着丹士先生登上宽大的石楼梯，来到第十排正中坐了下来。这儿居高临下，可以俯览全厅。

演讲厅很快坐满了人，只见过道后面，窗台上也挤满了人，人们都想聆听戴维的讲演，并一睹他的风采。

趁着离开始演讲还有一段时间，丹士先生给法拉第简单介绍了一下这个戴维先生的人生经历。

1778年12月17日，汉弗莱·戴维出生在英格兰彭赞斯城附近的乡村。父亲是个木器雕刻匠。他5岁入学，是个淘气、贪玩的学生。

戴维衣服的两个口袋，常常是一个装着钓鱼的器械，另一个装满了各种矿石，这是在离家不远的矿区捡的。

戴维有惊人的记忆力，别人讲过的故事或自己看过的书，他不但记得故事情节，还能生动地讲述出来。

每逢过节聚会，大人们都喜欢让戴维背诵诗歌，小伙伴们则求他讲故事，这无形中培养了他的口才。

当戴维读完小学后，父亲送他到彭赞斯城读书，寄养在外祖父家。在城里有一件新鲜事吸引了他，那就是医士配制药物时物质的各种奇异变化。

此后戴维时常偷偷躲入顶楼，用碗、杯、碟当作器具，学着做起实验来。偶尔在实验中惹了麻烦，遭到外祖父的责备，但这丝毫也没有减弱他对化学实验的爱好。

1794年，戴维的父亲去世，家境更加困难了。为了谋生糊口，作为长子的戴维被送到当地一位名叫柏拉兹的医生那里当学徒。

这是外公和母亲替他安排的人生道路，他们觉得，像他们这种家庭的孩子，能当上个药剂师，就很不错了。

但是戴维有他自己的想法，就在开始学徒的那一年，他制订了一个自学计划，里面开列了数不清的学习科目，单是语文，就有七门，有英文、法文、拉丁文、希腊文、意大利文、西班牙文和希伯来文。

一个16岁的少年，制订了这样一个雄心勃勃的计划，是绝不会甘心在家乡的小城里当一辈子药剂师的。

戴维一方面充当医生的助手，护理病人，学习行医的本领，另一方面他必须天天调配各种药物，用溶解、蒸馏的方法配制丸药和药水，真正地操作化学实验仪器。

这时戴维才明白自己的知识太浅薄了，于是开始勤奋地学习，抓紧工作空隙认真阅读拉瓦锡的《化学概论》等化学著作。

通过学习，戴维做实验的内容和目的明确了，凡是著作中讲过的实验，他尽可能地一一试试。凡是好书他都设法借到，如饥似渴地阅读。遇到学识渊博者，他就主动求教。

恰好此时有个叫格勒哥里·瓦特的人来到彭赞斯考察，小戴维闻信后，登门求教。

瓦特很喜欢这个聪明好学的年轻人，热情地帮助他答疑解惑。就这样，在四年的学徒生活中，他的知识增长很快。

在当学徒期间，戴维发现用冰互相摩擦，能使冰融化成水，为热的运动论提供了最有力的证据。

戴维把自己的发现寄给布里斯托尔的名医帕多斯教授。教授看了十分折服。

当教授创办克利夫顿气体疗养院的时候，他想到戴维。他邀请这个年轻人来主持新创立的机构。

戴维告别了故乡彭赞斯，来到克利夫顿，就任气体疗养院院长，当时他还不满20岁。

在当时，许多气体相继被人们发现。人体吸入氧气，感到清新舒畅，氨气则有强烈的刺激性。

究竟各种气体如何影响人的生理功能？哪些气体能用来治病？这

些都是很多医生所关心的。

帕多斯创办的这一研究机构则专门从事这一问题的探索。帕多斯懂得化学，擅长医术，戴维对这里有更好的学习和实验机会感到满意。

他们共事一段时间后，帕多斯发现戴维有精湛的实验技术，是个有前途的人才，于是提出愿意资助戴维进大学学医。

但是，这时的戴维对化学兴趣更浓，已下决心要一辈子从事化学研究，所以谢绝了帕多斯的好意。

1799年4月，气体疗养院发生了一件事，使戴维的名声大振：戴维制取了一氧化二氮，又名"笑气"。有人认为它是一种有毒气体，帕多斯认为它能治疗瘫痪病。

究竟怎样？戴维决心亲自试验一下。许多朋友都劝他，认为这样做太危险，勇于探险的性格使戴维立即投入实验。

醒来后，戴维觉得很难受。通过亲身的体会，他知道这种气体显然不能过量地吸入体内，但少量的可用在外科手术中作麻醉剂。

随后戴维将这实验的过程和亲身的感受及"笑气"的性质写成小册子。许多人读到这小册子后，为戴维的介绍所吸引，好奇地以吸入"笑气"为时髦。

戴维的名声就随着"笑气"而宣扬开了，许多人争先恐后地来结识戴维，此时他仅22岁。

戴维的诗人朋友华兹华斯、柯勒律治和骚塞，都亲自试验了"笑气"那种使人飘飘欲仙的奇妙功效。

"笑气"的实验使戴维声名大振。克利夫顿气体疗养院的天地太小了，他终于被介绍到伦敦。

1801年2月，戴维来到艾伯马尔街21号。伦福德伯爵看到站在自己面前的是个22岁的毛头小伙子，还带点乡土气，心里很不以为然。他叫戴维在小讲堂里试讲一次。年轻的戴维从容不迫地走上讲台。

伦福德伯爵双目微闭，坐在下面，但是戴维一开讲，那优美动听的声音，立刻把伯爵吸引住了。

戴维讲得相当快，然而用词极其精确，一字不差地记录下来就能成为一篇出色的文章。

伦福德伯爵不由得仔细打量起眼前这个年轻人，戴维个子不高，但身材匀称，动作机敏，真诚坦率，很讨人喜欢。

另外，戴维的前额高大，在绺绺棕色鬈发下面显得格外白净，就像大理石的雕像一样俊美。那双淡褐色的大眼睛，亮得出奇，简直像美酒一样迷人。

伦福德伯爵越听越高兴。戴维讲完以后，伯爵对一起听试讲的人说："皇家学院的一切，通通都应该归他调遣！"

戴维立即得到了任命，他的职务是皇家学院助理化学讲师，兼任实验室主任和出版部助理编辑，年薪100几尼，外加免费供应的住房和煤火费。

这比戴维原来预期的年薪500镑少了许多，但是像他这样一个出身卑微，没有受过正规教育的年轻人，能得到这样的待遇，已经是令人称羡不已的了。

特别使戴维高兴的是，皇家学会会长兼皇家学院院长约瑟夫·班克斯爵士、伦福德伯爵和卡文迪许先生，都对他很器重。

戴维从外省来到首都，跻身在英国科学界的巨子之列，真可谓是少年得志、平步青云了。

1802年5月，戴维23岁，就被任命为皇家学院化学教授。戴维教授的通俗化学讲演风靡伦敦。他之所以成功，不仅是因为口才好，也是因为内容精彩。他讲的大部分都是自己最新的研究成果。

到皇家学院听戴维教授讲演，谈论谈论电呀，元素呀，合成、分解呀，成了上流社会的时髦。

人们蜂拥而来，有时竟达千人之多，把会场挤得水泄不通。他很快就赢得了杰出讲演者的名声，成为伦敦的知名人士。

正如当时有人的评述："他的讲演给人的感觉和所得到的热烈称赞，完全出乎想象之外。"

700个座位的大讲演厅总是座无虚席，听众里面还有不少是女性。夫人、小姐们为戴维倾倒，寄来不少14行诗，表示爱慕之情，有署名的，也有匿名的。

戴维本来就会作诗，他写的剧本还在剧院上演过。他的朋友、诗人柯勒律治说，戴维如果不成为当代第一大化学家，他本来会成为当代第一大诗人的。

戴维满可以写诗作答，和夫人、小姐们唱和。但是当时的戴维，年少气盛，不把爱情和财富放在眼里。他把这些香喷喷的情诗，连同达官贵人们寄来的贺信、外国科学家寄来的讨论问题的信，通通扔在一个柜子里。

戴维从10时至16时埋头在皇家学院的地下室里做实验，晚上不是做讲演就是参加晚宴，上戏院，玩弹子，读小说。

戴维一工作起来热情得像发疯，玩起来也是兴致淋漓。虽然常常玩到深夜，但是第二天早晨，他又精神抖擞地迈着大步走进实验室。

戴维像一颗初升的明星，迅速上升。1803年，他还不到25岁，就当选为皇家学会会员。

两年以后，戴维又获得英国皇家学会的最高荣誉柯普莱奖。他在皇家学院的讲演吸引了大批听众，也募来了大量捐款。

1807年底，戴维生了一场大病，前来探望的人实在太多，不得不在皇家学院的大门口张贴"戴维教授病情公报"，就像王公国君病重的时候一样。第二年戴维没有举行讲演，结果皇家学院的收入从上一年度的4000多镑下降到1000多镑。

戴维到皇家学院以后不久，伦福德伯爵和法国化学家拉瓦锡的寡妻结婚，搬到巴黎去定居了。

戴维教授成了皇家学院的灵魂。由于他的努力，皇家学院成了英国科学的中心。

戴维在33岁时，已经赢得了崇高的国际声誉。他对于氯气的研究，他所发现的钠和钾，给全世界留下了深刻的印象。

听了丹士先生的介绍，法拉第由衷地钦佩这个戴维先生，心想自己现在能够坐在演讲厅里，亲耳聆听他的讲演，实在是一生的幸事，他盼望着戴维先生早点出现。

法拉第的座位下面有一条过道，前面有栏杆，坐在这里居高临下，既看得清楚，做笔记也方便。

法拉第伸展了一下身子，想坐得更舒服一些。他伸伸手臂，耐心等待着。他的心情，既像等待演员出场的观众，又像准备登场和观众见面的演员。

过了一会儿，戴维终于出现了。戴维这时还不到34岁，满头棕色鬈发，神采奕奕，目光迷人。他穿着讲究，中等身材，健步走上讲台。演讲厅里立刻响起了热烈的掌声。

戴维迈着轻快的步子走到马蹄形的大讲桌旁边，向大家频频点头。他又向前走了两步，站在马蹄形讲桌的中央，向大家微笑了一下。大厅里安静下来，戴维开始讲了。

戴维讲的题目是发热发光物质。讲得那么轻松，却又那么透彻。他精神抖擞，神采奕奕，天才的光华和热力，似乎正从他的身体里向外辐射。

法拉第完全为他的精彩讲演吸引着，几乎入了迷，起初都忘了记笔记。随之他醒悟过来，立即打开笔记本，一字不漏地记下了戴维所讲的内容。

一个小时的演讲，戴维把每一位听众都征服了。他诗人般的气质，优雅的风度，雄辩的口才，不断地赢得满场喝彩。

法拉第听得如痴如醉，有几次，他发现戴维在注视自己。也许这位科坛骄子是在抬头看钟,因为挂钟的位置正好在法拉第前排的楼厅壁上。

直到戴维演讲结束,离开马蹄形桌子,法拉第才如梦初醒,依依不舍地走出了演讲厅。

法拉第回到书店的小阁楼上,天已经很晚了。他兴奋得无法入眠,取出一个崭新的笔记本,在昏暗的烛光下,把听讲记录抄写整理出来。

凡是可以发挥的地方,法拉第都根据自己的理解作了丰富的联想和发挥,还画了许多插图,注明戴维在演讲时做的示范实验。

当小伙子把笔记整理完毕的时候,东方已经发白。21岁的法拉第望着窗外,心潮起伏,似乎感到一种强烈的力量在吸引着他,那便是科学的召唤!

随后,法拉第又连续听了戴维的第二、第三次讲演。每听完一次讲演,法拉第都觉得自己在朝科学的殿堂走近了一步。

1812年4月9日,这是法拉第像前几次一样,来得很早,他仍旧坐在过道上面那个老地方。

这是法拉第第四次听演讲了,那天戴维教授讲的题目是金属,那是教授自己最熟悉的。

因为所要讲的钠和钾这两种奇妙的金属,都是戴维用自己发明的电解方法制造出来的。

戴维教授用一把镊子,从一个装着油的玻璃瓶里夹出一粒黄豆大小的银灰色的东西。

"这是一粒钾。"戴维一边说,一边把这粒黄豆大小的钾举起来给大家看,接着轻轻地把它放在一个玻璃缸里。

"噗"的一下,水面上冒出一小团美丽的蓝紫色的火焰,那粒银灰色的钾缩成一个圆球,带着那团火焰在水面上飞快地打转,一面发出轻轻的咝咝声,渐渐变小,转眼就消失了。

水面上又恢复了平静,听众在惊讶、赞叹,法拉第在飞快地写着,他记下了实验的过程,也画下了戴维所用的仪器。

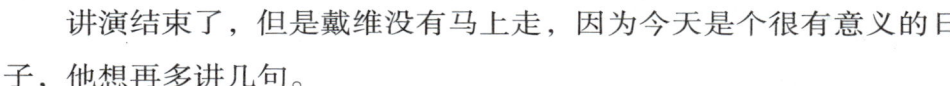

讲演结束了，但是戴维没有马上走，因为今天是个很有意义的日子，他想再多讲几句。

10年前，当戴维开始登上这个讲台的时候，他曾经说过："人类的财富和劳动的分配不平等，地位和生活条件有差别，这是文明生活的力量源泉，是它的推动力，甚至可以说是它的灵魂。"

不管听众赞成不赞成，戴维用自己这10年的成就，证实了自己的主张：人类的不平等是必然的，必要的，强者应该胜利。

戴维是强者，他胜利了，就在昨天，他从摄政王手里接过爵士的绶带和证书，他已经成为汉弗莱·戴维爵士。

和伟大的英国物理学家、经典力学的奠基者牛顿一样，用自己的科学成就，为自己赢得了贵族的称号。他的婚礼定在后天举行，前两天的授爵，无疑是对他婚礼的最好祝贺。

婚后他将和新娘一起到苏格兰去度蜜月。他决定，今后不再在皇家学院作通俗化学讲演，他将把更多的时间和精力投入到创造性的科学研究工作中去。

戴维已经把自己的决定通知皇家学会会长兼皇家学院院长约瑟夫·班克斯爵士，这个决定是不可改变的。

虽然还没有正式向公众宣布，可是消息不胫而走，听众已经知道，戴维教授首次以爵士身份在这个大厅里所作的讲演，将是他向广大听众的告别演说。

对于戴维即将离去，大家依依不舍。大讲演厅里充满了惜别之情。这是很自然的。有的人10年来场场必到，戴维的讲演从来没有漏听过一次。听戴维讲演，已经成为他们生活中一项最有意义的内容。

法拉第的思想完全沉浸在演讲的内容和自己对科学的热情中，科学正在完全占据他的内心，他在潜意识里，已经准备要为科学奉献自己的一生了。

世界名人非常之路

自荐到皇家学院

每听一次演讲，法拉第的献身科学的决心就增强一次。现在，他的决心已经下定了。他坐在自己的小桌子前，在昏暗的烛光下，整理戴维的讲演记录。

法拉第把四次讲座的记录整理得井井有条，最后用漂亮的小牛皮封面装订成册，他的心中对未来充满着希望。

也许法拉第将走一条曲折的路，但是他将生长，向着太阳生长。他的太阳就是科学！

研究科学需要时间，然而他的时间、青春、生命，却消磨在这书籍装帧铺里！他给市哲学会里的朋友阿伯特写信：

阿伯特先生：
　　我需要的只是时间，我要大声疾呼：我需要时间。
　　我们现代上流社会的先生们闲得无聊，要是我能出低价论钟点，不，论天买些他们的时间，该有多好！

时间过得飞快，再过几个月，法拉第的学徒生涯就要结束了。这时，他深深地意识到，对自己来说，科学比订书更有吸引力。

法拉第暗下决心，他现在准备放弃装订书籍这个自己已经干得非常熟练的职业了，他准备投身于塔特姆和戴维从事的领域，从头学起，把自己的一生奉献给崇高的科学事业。

此时，父亲已谢世两年，姐姐也已嫁人。虽说家中急需法拉第挣钱，以补家用，但母亲和哥哥都十分支持他的想法，鼓励他去一试。

可是，如何才能跻身于科学的圣殿呢？法拉第首先想到了科学巨子戴维。可是戴维这时刚刚带着新婚的夫人到苏格兰度蜜月去了。

戴维成就辉煌，前不久被王室册封为爵士，从此他便可专心致力于科研，不再主持皇家学院的通俗科学讲座。

无奈，法拉第只好想别的办法，他决定给皇家学会会长约瑟夫·班克斯爵士写信。

在信中，法拉第陈述了自己的经历和对科学的热烈追求，表示希望能在学院内找个工作，即使是在实验室打杂，他都十分情愿。

写完信后，法拉第便拿着信，忐忑不安地来到艾伯马尔街21号。但是，皇家学院大门紧紧关着。

通过向别人打听，法拉第才知道，旁边的侧门可以直通班克斯爵士的办公室。法拉第在门外犹豫了片刻，内心在进行着激烈的思想斗争。

自己这样做对吗？眼看学装订将要满师，母亲为了挣每一个先令，受尽了劳累，操碎了心。

可是法拉第又想到这几年来的刻苦自学，自己的梦想和追求，他心爱的阁楼实验室，还有妈妈慈祥的目光。

自己已经有相当的基础，戴维的讲演，不仅能听懂，记录下来，而且还能做许多补充。

法拉第想起利博先生、妈妈和洛博对自己的帮助。可惜爸爸已经在两年前去世，他要是活着，一定也会鼓励自己的。

最终法拉第鼓起勇气，走上前敲门。里面没有回应。他又敲了两下，还是没有声音。

法拉第只好站在门外等着，不安地在原地踱着步。过了好长一段时间，他听见有缓慢的脚步声传来，侧门打开了一个缝。一个穿制服的仆人满脸不高兴地看了他一眼，说道："年轻人，有什么事？"

法拉第立即双手把信递了上去，那仆人用手指把信夹住，上下打量了他一眼,"砰"的一声把门关上了。

回到书店,法拉第心里十分的不安。我这是不是一时冲动?也许我完全打错了主意。

整整一天,法拉第都心神不宁,书铺外面稍有动静,他都会探出头来,心里想道:"是不是皇家学院的人来送信了?"

第二天,第三天,第四天……

时间过去了一个星期,法拉第再也无法忍住渴盼的心情,便又一次来到皇家学院的大门旁。这次,他又在侧门外犹豫了好一阵子。

门忽然打开。那个看门男人和上次一样,打量了他一下说道:"又是你,有什么事?"

"先生,我想问一问,班克斯爵士给我回信了吗?"法拉第热切地问道。

冷面男人从门旁小屋的桌上拿起法拉第写的那封信,像废纸片一样扔给他,门"砰"的一声关上了。

法拉第从地上拾起信,只见信封的背面写着:"无可奉告,退。"犹如一盆冷水从头上浇下一般,法拉第的满腔热情刹那间被淋熄了。

班克斯爵士,那位坐在科学圣殿上的大爵士,把他当作乞丐一样地拒绝了!法拉第觉得自尊心从来没有受到过这样大的伤害。

法拉第不明白,自己对科学如此的一往情深,而为什么科学却对他如此的冷漠无情。

法拉第只好回头留恋地望了一眼皇家学院大楼,心里发誓从此把科学忘得一干二净,他一定要拼命地干活,一定要成为伦敦最出色的装订师。

但是,科学对法拉第来说犹如初恋的情人一般使他永远难以忘怀。要使他终生放弃,更是不可能的事。

1812年10月,法拉第学徒期满,从此便正式结束了自己的学徒生涯。法拉第要往哪儿去,难道他真的要永远放弃自己所醉心的科学梦想吗？

　　法拉第学徒期满，便成为一名正式的装订工，从此便可自己独立谋生了。那位同住阁楼的法国流亡艺术家，便把他介绍给一位名叫德拉洛什的法国人开的订书店。

　　这个新老板十分欣赏法拉第的手艺，便接纳了他。就这样，法拉第告别利博夫妇来到了德拉洛什的订书店。

　　法拉第很快发现，新店主和利博先生完全是不同的性格。也许法国人个个都很古怪，德拉洛什先生性情孤僻，脾气暴烈，动不动就骂人，好像同全世界的人都过不去似的。

　　法拉第刚去没有几天，就挨了好几回骂。法拉第随时都觉得是在为一个暴君干活。如果不是因为德拉洛什是伦敦一流的订书商，也许法拉第早就离开了他。

　　不过，法拉第也不是原来的法拉第了。当年在利博先生那里，他觉得书籍装订店里的气味像田野里的野花那样芬芳，而现在他一踏进德拉洛什的店堂，只觉得浊气逼人。

　　法拉第给市哲学会里的朋友医科大学生赫克斯特布尔写信说：

　　　　我还在干我的老本行，一有机会我就将设法离开它。关于科学的进展，我本来就知道得很少，现在更不可能知道多少了。

　　　　确实，只要我目前的处境得不到改变，我就不得不让位，让那些有幸比我占有更多时间和金钱的人去思考学术问题。

　　无论如何，法拉第已经是一名正式的装订工了，有固定的职业，有工资，还有可以自由支配的时间。

　　法拉第搬回家里，同妈妈和妹妹住在一起，共享天伦之乐。没有多久，法拉第又在家中建起了一个小实验室。

现在，法拉第可以重新醉心于自己所向往的科学实验。只要他一进入这个小天地，便会把一切烦恼忘得一干二净。

法拉第的理想并不是当书店老板，他所痴心的是跨入科学领域。然而如何才能进入科学领域的大门呢？他只是一个装订工，既无学历、文凭，也没什么靠山。

班克斯爵士的歧视，便是一个例子。他最后想到了他所崇拜的戴维。此时，戴维已度完蜜月回到了皇家学院，并且不断听到关于他新发现的消息，他决定向这位大化学家求助。

家里的人和朋友都鼓励他一试，因为戴维负责皇家学院的全部实验工作，究竟是否需要人手只有他最清楚。

法拉第在作出这一重大决定之前，很是犹豫了一阵子。自己和戴维教授素昧平生，假如打个比喻的话，戴维当时处于科学的金字塔顶，而他不过只是塔底一块普通的石头，戴维会理会他吗？

经过几天的深思熟虑，法拉第给戴维写了一封信。这封信比上次写给班克斯爵士的言辞更加恳切。

法拉第在信中详尽地诉说了自己贫困的身世、对科学的憧憬，希望能得到一个接触技术的职位。

法拉第同时在信中说，只要能进入科学领域，哪怕是待遇最低的职业，自己也十分乐意接受。

1812年圣诞节的前一天，法拉第像上次一样，亲自把信送到皇家学院。和信一道，他还送去了自己整理装订成册的那本戴维讲演录。

回家后，法拉第怀着忐忑不安的心情在期待着，看是否能收到回音。他已经受到过一次粗暴的回绝，所以，这次他并没有抱太大的希望，甚至根本就不打算再去理这件事。

然而出乎法拉第意料的是，第二天他就收到了戴维派人送来的一张便条，同意会见他。

受到科学家接见

其实戴维早已经回到英国，只是法拉第一直在订书店，而且对科学的热情受挫后，一时还没有缓过劲，所以，对戴维的行踪不是那么关注。他知道戴维回到英国的时候，已经快到圣诞节了。

戴维为什么回来这么快呢？原来虽然戴维的夫人喜欢在自己老家，幽静的苏格兰乡村别墅垂钓，希望按照原来的计划再在那里玩两个月，但是戴维早就憋不住了。

事实上，戴维出发度蜜月的时候，就带着一箱化学仪器。爵士夫人没有反对。她反而觉得，这样带着科学一起度蜜月更富有浪漫主义的情调。

戴维像在伦敦的时候一样，既玩儿又做实验。他的朋友安培从巴黎写信来，告诉他发现了一种新的氮和氯的化合物，这是一种很容易爆炸的液体，制造它的笛隆先生炸掉了一只眼睛和一根手指。

这个消息对于戴维是极大的刺激，他马上干了起来，就像一匹久经沙场的战马，听到炮火声立即飞奔向前，冲锋陷阵。

戴维的实验取得了一些进展，但是随身带来的仪器毕竟太少，而那种有危险性的实验对他的吸引力又实在太大，他终于说服了夫人，让他独自一人先回伦敦。

回到伦敦以后不久，就发生了一次爆炸。戴维爵士向夫人写信报告说，发生了一起"小事故"。

实际上戴维伤得很厉害，头上、手上缠满了绷带，险些遭到笛隆先生同样的命运。医生告诉他，至少要几个月才能进实验室。

戴维看到法拉第的信是在圣诞节前，当时他眼睛上的伤还没有好，看东西还很吃力。

那天早晨皇家学院的仆役给他送书信的时候，他瞥见一本四开本的大书，暗褐色的牛皮封面，书脊上烫着一行金字："汉·戴维爵士讲演录"。

看到这些，戴维觉得奇怪，自己从来没有出版过什么讲演录，从哪里来的这么一本书？难道是欧洲大陆上的国家跑在他的前头，出版了他的讲演录？

戴维好奇地打开封面，发现里面的内容是手写的，字迹工整清晰，扉页上用印刷体写着：

四次讲演，汉·戴维爵士讲于皇家学院。

记录整理：迈·法拉第。

1812 年

戴维信手翻下去，他怔住了。没有料到，自己那四次讲演总共才讲了四个多小时，竟记下了 386 页！讲过的，都记下了，许多没有讲的内容，也都补充上了。

娟秀的书法，精美的插图，严肃、认真、一丝不苟，这中间熔铸了多少爱戴、敬仰和信任！这本洋洋大著，作者是谁呢？扉页上写着，是汉·戴维爵士。

不，应该是迈·法拉第。这位法拉第又是谁呢？这里有一封信。戴维的眼睛还在隐隐作痛，医生禁止他看书，但他还是把这封信从头到尾细细地看了。

戴维被感动了，它勾起了戴维对往事的回忆。十几年以前，自己不是也像现在这个法拉第一样吗？出身低微，贫穷屈辱，没有受过系统的教育，上帝和世人给他安排的命运是当学徒，将来做一名师傅。

戴维仿佛看到了自己的过去，自己的影子。也许是顾影自怜吧，他对法拉第产生了同情。

此刻,他从这个陌生的青年身上,看到了自己当年的影子,也看到了一种最宝贵的东西,那就是对科学的热爱和勇于献身精神。

从法拉第身上,戴维不仅看到了自己的影子,还看到了自己所欠缺的东西。

戴维精力过人,他在实验室里工作,就像打仗一样紧张。常常是几个实验同时进行,这里加热、煮沸,那里过滤、蒸发、结晶。人家以为他的实验刚开始,他却已经收拾东西结束了。

戴维的实验记录很潦草,都是用最快的速度写成的。戴维大胆,有魄力,有一次做水煤气的实验,他猛吸三大口,险些把命送掉。

但是,戴维的工作显得杂乱,不够严密,不够细致。然而,看这本《汉·戴维爵士讲演录》,它的记录、整理、誊抄、装订,做得多么漂亮!那是有条不紊、严密细致的工作作风的产物。

戴维十分懂得,那样的习惯和作风在科学研究工作中有多么大的价值。法拉第诚挚、勤奋、坚毅、有天分、有献身精神,这是无疑的,摆在戴维面前的这本《汉·戴维爵士讲演录》就是明证。

他缺少的只是机会,现在他来向自己请求,请求给他机会。该怎么办呢?圣诞节前夕那天早晨,戴维遇到佩皮斯先生,他是皇家学院最老的理事之一。

当时,皇家学院已人满为患,不过还算戴维面子大,总管同意给予考虑。然而当他听说法拉第连中学也没上过,便不客气地说:"让他来洗瓶子吧!"

"这恐怕有些不适当。"戴维显然觉得这过于屈才,没有表示同意。

佩皮斯笑了笑说:"假如他确实有用,一定会洗得不错;如果他不来,那就肯定是个废物了!"

就在当天晚上,戴维爵士就给法拉第写了一封简短的回信。法拉第收到戴维的便条后，整整一天高兴得不知如何是好。

对于法拉第来说，这是圣诞老人送给自己的一份世界上最珍贵的礼物。

戴维在回信中说：

因最近有事要离开伦敦，等一月底回来时再接见你。

伦敦的冬天虽说寒冷异常，但在法拉第的心中却充满着希望。天空中飞舞着美丽的雪花，法拉第终于盼来了和戴维爵士相会的日子。

1813年1月29日，法拉第终于要和戴维相会了。法拉第围着厚厚的围巾，踏着积雪，兴冲冲地朝皇家学院走去。雪花飘落在脸上，他一点儿也不觉得冷。

当走到艾伯马尔街21号的大门口的时候，法拉第不再像从前那样徘徊犹豫了，而是径直走了进去。

戴维的助手佩恩把他领进前厅的一间会客室等候，然后进去通报。法拉第不知道向哪里站才好，心怦怦地跳个不停。门开了，他无限敬仰的戴维爵士就要进来了。

一会儿，戴维爵士迈着轻快的步子走了进来。他让法拉第同他一同坐在靠窗的长椅上。

法拉第挪着不听使唤的脚步坐在戴维身旁。和一位伟大的学者肩并肩地坐在一起，这使法拉第激动，可是这位学者却又这样和蔼，消除了他的紧张心情。

"我们的谈话随时可能被打断。"戴维风趣地说，"我的助手佩恩先生几天前在一次爆炸事故中受了一点伤，现在情绪不佳。不过你尽可放心，皇家学院不会恰在这个时候被炸掉的！"

听完戴维所说，法拉第的拘束立时消失了。和这位科学巨子坐在一起，他有一种亲切感。他发现生活中的戴维是如此的潇洒、随意。

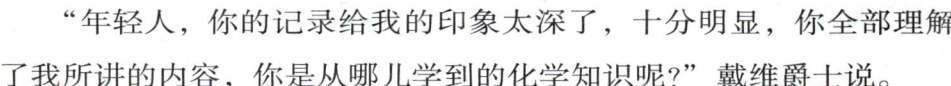

"年轻人，你的记录给我的印象太深了，十分明显，你全部理解了我所讲的内容，你是从哪儿学到的化学知识呢？"戴维爵士说。

"我全是自学的，我读过经我亲手装订过的所有书籍，听过塔特姆先生的讲座，我还建有自己的一个小实验室，当然是十分简陋的了。"

听着法拉第的话，戴维轻轻点头。

他说："嗯，是的，精神可嘉！法拉第先生，你能告诉我，你为何对科学竟会如此地钟情呢？"

法拉第脸微微发红，他稍微考虑了一下说："我对赚钱的那行不感兴趣，先生。那是自私的。可是科学是为了追求真理，造福人类，那是十分崇高的事业。"

戴维笑起来。他觉得法拉第说得过于严肃，也有些过于单纯了。他打断了法拉第的话，坦率地说："年轻人，你的想法太理想化了！也许你对科学并不真正了解，你才乐意放弃可靠的装订职业要到这里来。要知道，科学犹如一个性情怪僻的女子，尽管你对她倾注满腔热情，可是得到的报酬却微乎其微，使你大失所望！"

"从事科学能使人快乐，这本身不就是一种报酬吗？"法拉第问。

戴维听罢，不禁哈哈大笑起来。法拉第也不好意思地笑了。这时他才注意到，戴维爵士的眼旁有一处新的伤痕。他记得朋友说过，戴维爵士在做钾元素和氯气实验时，曾被炸伤过。

戴维把自己手臂上、脸上的伤疤指给法拉第看。

"这些疤痕就是科学给我的奖赏！永远无法把它去掉。"戴维爵士说道，"它表明科学需要付出很大的代价。你装订图书会炸裂开来，把你打昏，让你眼角流血吗？"

"先生，您的意思是说科学家要有献身精神。"法拉第说道。

这一精辟的回答，使戴维温和地微笑起来。他又问了法拉第一些其他问题，发现他献身科学的意志的确十分坚定。

"如果让你到实验室里洗刷瓶子,你是否也愿意干呢?"戴维爵士问道。

"我心甘情愿!"法拉第坚定地回答道。

戴维为法拉第的回答所感动。但是他仍然规劝法拉第慎重考虑自己的选择。

"装订书的职业可以获得相当安定的生活,希望你不要轻易放弃。"戴维说着,望了一眼墙上的挂钟,起身说道:"年轻人,我所能答应的是,今后可以让你把皇家学院的全部图书装订工作包下来。这样你可以读到更多的科学著作。很抱歉,现在我要告辞了。"

法拉第紧追不舍说道:"先生,皇家学院的工作,我愿意等待!"他站起来,恭敬而坚决地回答。

戴维走出房门,又回过头来,眼里掠过一道亮光。

"你是否愿意看看这里的实验室?"

"当然愿意,那太好了!先生。"法拉第喜出望外。

他们一道走出前厅。

"实验室在地下室。"戴维边走边说,"不过那里经常是又脏又乱,满地的玻璃碎片,你见了也许会摇头的。"

这时,佩恩先生迎了过来。戴维看见他,掉过头道:

"法拉第先生,再见了!谢谢你的光临,佩恩先生会送你的。"

"往这边走。"佩恩冷冷地说。

"戴维爵士答应让我看看实验室。"法拉第向他解释。

"戴维爵士说的是让我把你送出去。"佩恩没有好脸色。

"砰"的一声,皇家学院大门又在法拉第的身后关上了,但这一次法拉第的心情不同往常。

投入新的工作

雪停了，艾伯马尔街银装素裹。法拉第感觉到严冬背后的一缕暖意。他松开脖子上的厚围巾，长长地呼了一口气，大步朝皮卡迪利广场走去。

街上很冷，正在刮风，但是法拉第一点儿也不觉得冷。他把围巾拿在手里挥舞。他情不自禁地想奔跑，欢呼，歌唱，因为他见到了他所崇敬的戴维爵士，因为科学在向他招手。

虽然这次没能在皇家学院找到工作，但是他会见了戴维爵士，他的眼前升起了一道希望的霞光。正如俗话所说：精诚所至，金石为开。时间过去了几个星期，机遇终于降临到法拉第面前。

原来，戴维爵士的实验助手佩恩，因脾性古怪，在皇家学院内多次招惹是非，有时对戴维也十分不恭。由于找一个能干的实验员不容易，戴维爵士也就忍让了他。

有一天，佩恩在实验室里又同一个制造玻璃仪器的师傅打了起来，不但把对方打得鼻青脸肿，许多贵重的仪器也被损坏。戴维爵士忍无可忍，当即把他解雇了。

如此戴维爵士便急需一名新的实验助手,他想到了法拉第,于是他便向皇家学院院务总部申请并推荐此人,经过会议协商,决定接纳法拉第为戴维爵士的实验助手。

3月1日,皇家学院理事会的议事录上有这样的记录:

> 汉·戴维爵士有幸通知本理事会,他已经物色到一个愿意接替威廉·佩恩职务的人。他的名字是迈克尔·法拉第,是一个22岁的青年。
>
> 根据汉·戴维爵士的观察和了解,他是这项职务的合适人选。他作风正派,积极肯干,性情和善,聪慧机敏。在佩恩先生离职的时候,这个青年愿意按照同样待遇在本院工作。

时间过去了几天,一天晚上,法拉第正要上床睡觉,突然听到楼下响起一阵敲门声。他把头伸出窗外,看见戴维爵士的马车停在街上。

法拉第忘了自己已经脱掉了上衣,竟赤膊从楼上冲下来,慌忙把门打开。

仆人把一封信递给他,是戴维写来的,通知他明天去皇家学院。信中说,如果他的愿望没有改变的话,他可以来皇家学院担任实验室助理,每周薪金25先令,学院顶楼可免费提供两间小屋给他居住。

第二天一早,法拉第便来到皇家学院,戴维并没有立刻鼓励他接受这个工作。

这位伯乐再次告诫法拉第,实验室助理的工作相当辛苦,甚至十分危险,但薪金却永远不会长了。

要是法拉第继续留在装书店里,凭他的手艺日子会好过得多。可是法拉第的决心已定,他决定到皇家学院干实验室的助理工作。

戴维拍了拍法拉第的肩头，脸上露出了会心的微笑说："就这样吧，年轻人，欢迎你加入科学这一醉人的行列。"

决心已定，法拉第便回到书店向老板德拉洛什辞职。

"什么？你决定辞职，什么时候？"德拉洛什感到十分的意外，面带遗憾地说道。

"是的，就在明天，我决定到皇家学院去做实验室助理。"法拉第等着接受责骂。

"迈克尔，你是一名最出色的订书工！我真心诚意地希望你留下来，不要离开书店。"

直到此时，法拉第才发现，虽说德拉洛什先生外表看起来悍蛮粗暴，但内心却是慈爱善良的。

法拉第有些感动。德拉洛什先生继续说道："你清楚，我无儿无女，只要你在这儿待下去，以后就是这个店铺和这个家的继承人。"

这太使法拉第震惊了！他万万没有想到，德拉洛什先生一直把自己当儿子一样看待。

学徒出身的人克勤克俭，发家致富，最后当上老板，这在一般人的心目中是最神圣不过的了。

法拉第的眼前，浮现出了一个多少人都梦寐以求的锦绣前程。他在想，自己现在的决定是不是正确呢？就连那个戴维先生也这样警告过自己。

不过，法拉第还是宁愿相信，他的选择是完全正确的。这可是他一生中遇到的最好的机遇了，错过以后也许永远不会再有了。

这时，即使给法拉第一个国王的宝座，他也会拒绝的。因为科学圣殿的大门向他打开了，他将献身于科学，这是至高无上的幸福。

法拉第想，只要能在科学领域里快乐地耕耘，再苦再累，收入再少，他也决不后悔。法拉第含着热泪告别了德拉洛什先生。

1813年3月6日，法拉第在皇家学院开始了新的工作。就这样，在戴维的推荐下，法拉第正式踏进了科学的大门，尽管他起初的工作只是一个小小的配角。

法拉第梦寐以求的愿望终于成为现实，现在他已正式成为戴维爵士的实验室助理。

法拉第不仅是戴维的实验助手，也是他的秘书，除了帮助戴维爵士准备示范实验，做记录，他还帮助搬动仪器，洗刷器皿，负责仪器的修理，什么都干。由于他既勤快又能干，不久便得到同事的好评。

"那小伙子的瓶子洗得倒是十分干净的！"佩皮斯总管满意地对戴维说道。

"哦，是吗？他的长处，可不单是洗瓶子哟。"戴维俏皮地说道。

为了使法拉第得到更多的锻炼机会，不久，戴维爵士便让他参与更多的实验工作。

戴维当时正在研究氯的特性，很有创见。很久以来人们错误地把氯当成一种氧化物，连大名鼎鼎的法国化学革新家拉瓦锡也如此认为。

戴维却用实验证明氯是一种元素，改正了这个错误。他在1810年11月宣布了自己的发现，但是传统学派却不承认，两种观点的论战三年来持续不断。

法拉第协助戴维进行了不少实验。有一次试管在法拉第手中爆炸，掌心被碎玻璃割出血。还有一次，飞溅的玻璃碎片划破他的脸。

法拉第毫不畏惧，他坚决拥护老师的新见解。在给一位持怀疑态度的朋友的信里，他由衷地写着：

"我热诚地信奉这个新学说，这是十分正常的。因为我亲眼看见戴维爵士本人拥护它，我还见过他做出许多实验来验证和解释它，使我不得不信服，进而对他钦佩不已。"

这大约是年轻的助手在学术上追随戴维的第一件事。

欧洲考察

在司空见惯的、大家以为非常了解的物质中，居然发现了新的元素，这对于现代化学家勤于探索的头脑，无疑是一种刺激。

—— 法拉第

赴欧洲进行考察

过了几个月时间，法拉第得到了一次非常难得的学习机会。这一年秋天，戴维爵士去欧洲大陆进行学术考察，主要目的是同欧洲各国著名学者进行学术交流，并且进行一些短期的研究工作。

这种考察，在当时英国贵族圈里非常流行，它是从17世纪开始形成的一套独特的贵族教育方法。

当时英国的贵族阶级把自己的孩子送到牛津或者剑桥上大学，叫他们耳濡目染，学会上流社会的言谈举止，同时学几年拉丁文和希腊文，训练训练脑筋。

毕业以后，再把他们送到欧洲大陆去游历一番。这些青年贵族要接触希腊的神庙、罗马的斗兽场、文艺复兴时代的绘画和雕塑，也要熟悉巴黎的礼仪谈吐和时装服饰。

总之，人类古往今来的文化精华和各个国家民族的世故人情，凡是做一个贵族所需要的一切知识和教养，他们全都要懂得。游历归来，他们成熟了，成了地地道道的贵族。

戴维在青年时代没有机会受这样的教育，现在他当上了爵士，进入了贵族的行列，他希望到欧亚大陆去游历，一方面是为了弥补教育的不足，适应自己的新身份，另一方面也是为了和大陆的科学家进行学术交流。

这次同去的，自然还少不了戴维的妻子。戴维爵士33岁时才结婚，妻子是一位年轻漂亮的富家女。

戴维的新夫人也希望丈夫到国外游历一番。这样，借着戴维的大名，她就可以进入欧洲各国的上流社会，大出风头。

这位新夫人出生在苏格兰的一个富商家庭，父亲在西印度群岛的安提瓜岛上经营甘蔗和贩卖黑奴，发了大财。

她的第一个丈夫是托马斯·阿普里斯爵士的长子。富商的女儿和贵族的儿子攀亲，在当时是很流行的。可惜她年纪轻轻就成了寡妇。

她长得很俊，黑头发，黑眼睛，连皮肤也有点黑，朋友们叫她"黑美人""黑里俏"，刻薄人叫她"烤面包"。

这位黑美人喜爱文学，是史达尔夫人的朋友，爱丁堡社交界的红人。父亲给了她大量财富，她所需要的是贵族的名位。

与妻子相反，戴维靠着自己的才干，赢得了全世界的尊敬，但是他却没有什么钱，他在皇家学院的年薪从来没有超过400镑。

过去戴维不注意敛财，现在到了成家立业的时候，他开始自觉不自觉地追求和自己身份相符的财产。

机缘使他和这位富商的女儿相遇。没过多久，新爵士就和漂亮的寡妇结成夫妇。对于新娘来说，这是第二次门当户对的婚事。

对于戴维来说，这是快快结婚，慢慢后悔。他的新娘虽然美貌可爱，笑得很甜，讲话又动听，但这一切都是为了激起别人对她的爱，她却是不大准备爱别人的。

戴维夫妇决定游历欧亚大陆，第一站自然是法国。当时英法两国正处在战争状态，拿破仑把法国国土上的英国人通通都当作敌人拘留起来。

作为英国科学界代表人物的戴维教授，竟然申请去巴黎，实在让人难以相信。然而，出人意料之外，拿破仑皇帝特别批准戴维一行到法国旅行。

这位皇帝是炮兵军官学校出来的，很懂得科学技术在战争和国家经济中的重要作用。他一向以科学的保护人自居。

戴维这次到国外游历，也像上次去苏格兰度蜜月的时候一样，带着一箱化学实验仪器。

戴维一路上做实验,需要一名助手,帮着操作实验和整理科学记录。很自然,他邀请刚到皇家学院工作的法拉第和他一起出国旅行。

法拉第欣然受邀,决定和戴维夫妇一同游历欧洲。对于法拉第来说,这真是做梦也想不到的好机会。

通过旅行,不仅可以到国外开眼界,见世面,学习外国语,而且作为戴维教授的助手,他将见到欧洲各国的第一流学者,直接了解世界各国的科学发展情况。这等于是上大学,而且是最好的大学。

原计划规定,除了法拉第外,戴维爵士还带有一个男仆和一个女仆,可临到动身,男仆突然拒约不去了。

迫于无奈,戴维爵士便征询法拉第的意见,是否能屈就一些时日,暂时兼任男仆,一到法国便另外雇人做仆。

戴维对法拉第说:"你看,法拉第先生,事情糟透了。我的听差突然变卦,不愿意去了。他说那个科西嘉人是杀人不眨眼的魔王,到法国去准把命送掉。唉,无知透顶!可是又有什么办法!现在事到临头,到哪里去找合适的听差呢?该怎么办?法拉第先生,能不能委屈你一路上帮帮忙,担负起一些工作?你知道,有些事情是不能让旅馆侍者那样的外人干的。"

法拉第自尊心极强,他宁可干最脏、最累的工作,也不愿给人做仆人,但是又不能不给戴维先生这个面子,所以他犹豫着没有做声。

戴维知道这个青年人自尊心很强,他接着说:"法拉第先生,你是我的实验助手,我不会要你给我当听差的。不过是请你临时帮帮忙,到巴黎我就会找到一个合适的听差。"

法拉第想,自己前几年为了学画,不是还给马克里埃先生擦过皮靴吗?现在可是给著名的科学家戴维帮忙啊!法拉第说:"好吧,戴维先生,我愿意给您帮忙。"

一切准备就绪,1813 年 10 月,正是秋高气爽的日子。戴维一行四人起程离开伦敦,他们乘坐一辆大马车走了两天,来到英国西南角的普利茅斯港。

从他们一上路，法拉第就开始后悔不该同意兼做仆人。戴维夫人完全把他看作下人使唤，她要法拉第既当管家，又做听差，还兼跑腿打杂。

戴维夫人出身富商家庭，从小便娇生惯养，颐指气使。在她的眼里，法拉第只是一个跟班，土头土脑的随从而已。

法拉第既要为戴维爵士效劳，又要侍候这位夫人，十分为难。因而，在横渡英吉利海峡之前，他就想返回伦敦，就此罢休。

只是戴维爵士再次向他保证，到了巴黎便另找仆人，他才勉强答应了。

当时由于英法两国正在进行战争，在海关他们受到严厉的盘查。当时许多朋友都不理解，戴维爵士为什么会选择一个交战国作为访问的对象。

法拉第在旅行日记里也记下自己的心情："在目前这个时刻，到一个敌对的国家去，这真是奇怪的冒险。"

然而这个冒险却是十分值得的，因为法国有世界第一流的实验室，有一批杰出的著名科学家。而且拿破仑皇帝破例为戴维一行赴法旅行批准了签证。

盘问、等候、检查，再盘问、再等候、再检查，在敌人的国土上旅行就有这些麻烦。最后他们终于重新登上戴维的马车，向巴黎前进。

马车从莫尔列驶向巴黎。沿途的美丽景色，异国的风光人情深深地吸引着法拉第。一切都是新的。他没有见过山，没有见过海，望不到尽头的道路、无边无际的田野、丘陵、大平原、大森林，他全都没有见过。

可是现在，整个世界突然展现在他面前，法拉第感到兴奋、激动，心里像有一只小鸟在跳跃、歌唱。

然而，他是一位科学家的助手，自己也立志要做科学家，对于周围发生的一切，他必须学会细致地观察，冷静地分析，客观地记录。为了这个目的，他开始记日记，并且从此养成了记日记的习惯。

海关的拖延，旅舍的饮食，沿途的景色，法拉第都在日记里做了详尽的记载。

法拉第记下了法国马车夫穿的过膝的长筒靴，记下了和马车跑得一样快的猎狗似的法国猪。

法拉第还特别记下了一种"发光的虫子"，可怜的年轻人，从来没见过萤火虫，他还以为自己有了新发现！

那是在去巴黎的路上，马车坏了，只得停在一个小村子里，戴维夫人吩咐法拉第去找人来修，法拉第遵命照办。

法拉第穿过田野，自由地呼吸着异国乡间的空气。此时暮色渐浓，忽然他发现草丛里有几点荧荧亮光，走近一看，原来是几只小昆虫的尾端在闪闪发光。

在伦敦，法拉第从没见过萤火虫，便好奇地蹲下来仔细观看，把喊人修车的事早已忘到脑后。

直到天黑，马车已被修好。听见有人在喊他，法拉第才想起修车的事。回到马车前，戴维夫人没给他好脸色看，但他并未在意。

法拉第一心仍在想着那几只发光的虫子，要是人也像那萤火虫一样，找到不用火就能发出光来的方法，该有多好啊！

10月29日，他们来到巴黎，受到了法国科学界的热烈欢迎。巴黎没有给他留下好印象。年轻人想家了，但是情绪波动并没有影响他的观察。

法拉第的结论是，在住房内部装饰玻璃和大理石这两种美丽的材料，法国人用得比英国人多得多。

法国人住房华丽，英国人的住房舒适；法国住房精雕细琢，英国住房洁净素雅；法国住房是给人看的，英国住房是给人享受的；两种风格，适用于两个不同国家的人民。

戴维爵士在巴黎逗留了两个月时间，一面讲学，一面和法国科学家们进行合作，开展学术研究，互相交流经验。法拉第协助戴维做实验，直接参与了许多学术活动。

闲暇时，法拉第和戴维一起浏览了巴黎市容，参观了美术馆、卢浮宫，还逛了市场。

法拉第到市场上去买纪念品，也有他独到的感觉，巴黎人厚颜无耻，漫天要价。

这些巴黎人做买卖，既不懂什么叫诚实，也不知道什么叫羞耻。他们向你要两倍的价钱，又轻松，又沉着，好像白送给你一样。

法拉第跟着戴维去参观卢浮宫。这位受到柯勒律治称誉、"有可能成为当代第一大诗人"的戴维爵士，面对着无数艺术珍品、稀世瑰宝，无动于衷，只是发表了一句感想："这些画框多么精美，真是少有！"

但是爵士的助手兼听差法拉第却写下了这样的感想：

"法兰西的光荣和耻辱！它珍藏的艺术品举世无双，令人赞叹不已，可是想到这些艺术品怎么来到这里，看到它们不过是暴力和掠夺所得，法兰西为她的人民感到羞辱，这样的行为使他们成为窃贼民族，可是他们还当作荣耀。"

有一次，法拉第在巴黎市中心土伊勒里宫前，偶然见到了拿破仑的圣驾，当时这位皇帝正坐着御驾去参议院，披着一件貂皮大袍，头戴天鹅绒帽子，帽子上垂下的羽毛遮住了脸，从远处无法看清他的面容，但皮肤好像是黑黑的，有点发胖。

啊，这就是称雄一时的拿破仑！法兰西的怪杰！他想起10年前同利博师傅的对话："天才和狂人，有时候只有一步之差。"

法拉第在巴黎城里逛，记下了许多观感。但他只是在戴维赴宴应酬，不需要他的时候才能出去。他的绝大部分时间仍旧是在给戴维爵士效劳。

结识法国科学家

在巴黎期间,年轻的法拉第结识了不少法国著名的科学家,其中有两位对他十分友好,那就是电学大师安培和化学家盖·吕萨克。

安培是巴黎工业大学教授、法国著名物理学家,时年38岁,对哲学、化学皆有研究,尤其对电学有很深的造诣。

盖·吕萨克与戴维爵士同岁,出身书香门第,法国科学院院士,1808年发现硼元素,在学术界声名很大。他曾经冒着生命危险,乘坐拿破仑出征埃及时留下的气球,升到7000米高空测量磁力。

在同法国科学家的交往中,多数学者并未注意法拉第,只有安培和盖·吕萨克看出法拉第将来一定会大有作为,便热情地给予指点。

法拉第得到机会亲自观看这些大师的实验,吸取他们的科学方法,并且了解到科学发展的最新动态。法拉第大开眼界,其收获的价值是无法估量的。

一天早晨,安培教授前来拜访戴维,同来的还有两位法国化学家,一位是库尔图瓦,另一位就是盖·吕萨克。他们给戴维送来一种亮晶的紫黑色白晶体。

"这东西十分奇特!一加热便会冒出一种紫色云雾,如氯气一样刺鼻,但又不像是氯气。"安培对戴维说。

"哦,是吗?"戴维脸上流露出极大的兴趣。

"这东西是用什么提炼出来的?"

"是用海藻提炼出来的。"库尔图瓦说。

法国沿海的浅水中盛产海藻,每当海水退潮时,常有海藻留在海滩上。科学家把这些海藻烧成灰烬,然后再用水提净,便得到棕红色的母液，再从母液中分离提取化学物质。

两年前，库尔图瓦从中提炼出这种紫黑色的晶体，盖·吕萨克和库尔图瓦对这种神秘的物质进行了多次反复的研究，但总是无法搞清那到底是什么成分。

"不知戴维爵士有何高见？"盖·吕萨克向来自英国的同行请教。他的语气带着一点激将的味道，又仿佛是在向这位贵宾挑战。

"您能否把它给我留下来，让我试试？"戴维问。

"当然可以。"厚道的安培教授一口应承。

戴维又要向前冲锋了，他们随车带着一个流动实验室，在法拉第的协助下，他们立即动手对这种物质进行系统的分析。

这位英国的科学精英有多次发现新元素的经验，他猜想到，这种从海藻灰中提炼出来的晶体，很可能是一种新元素，因为普通的草灰里是不含结晶物质的。

没过几天，戴维就弄清楚了，这种神秘的紫色晶体所冒出来的紫色气体，就是它自身的蒸气。

它有氯气的性质，并不是因为它含有氯，而是因为它自身也是一种元素，而且这种新元素和氯是属于同一类的。

12月11日，戴维使用了电解的办法。当时，电解是鉴别化合物和单质的最好办法。果真，安培带来的这种物质不能电解，进一步证实了它确实是一种单质。

戴维只用了一周时间，就测定出这种晶体是一种新元素。戴维给其命名为"碘"，这在希腊文中是"紫色"的意思。

法拉第亲自参与了这一伟大的科学发现，其兴奋和激动的程度可想而知。虽然自己只是一个助手，但这一成果里，也包含着自己的一份心血呀！法拉第为此发了一通感慨，法拉第说：

在司空见惯的、大家以为非常了解的物质中，居然发现了新的元素，这对于现代化学家勤于探索的头脑，无疑是一种刺激。

这证明，即使在公认的、已经完全了解的科学部门中，科学也还是处在不完善的状态。

同时，法拉第也受到了激励，这是他第一次亲身参与伟大的科学发现。新的元素，新的科学，在戴维的手里产生。法拉第窥见了科学研究工作的秘密。科学研究已经不再是遥不可及的事情。

法拉第既有正面的榜样，又有反面的教训。戴维的胆略和干劲，他的不够细致和严密，法拉第都看得一清二楚。他要发扬戴维的长处，克服戴维的短处，好好地在实验科学的园地里耕耘。

至于戴维，他一分钟也没有耽搁。他懂得，必须抢先宣布自己的发现，有时候一分钟的延误，会使你永远失去成为不朽人物的机会。

戴维给居维叶写了一封信，宣布了自己的观点。然后，这封信在巴黎科学院宣读了。

接着，戴维又把自己的实验结果写成一篇详尽的报告，寄回伦敦皇家学会，报告上所署的日期是1813年12月10日，也就是用电解的办法最后鉴定碘是单质的前一天。

富有戏剧性的是，几乎就在同时，盖·吕萨克也分离出碘元素。他在马拉松长跑的最后关头，与戴维同时碰到终点线，而戴维只冲刺了几米，便捧走了奖杯。

这件事激怒了法国同行，他们的心态实难平衡，有人责怪安培教授不该把碘的样品交给戴维。

对此，安培只是回以无言的一笑。他从心里钦佩戴维有超人的智慧，并且断定跟随戴维的年轻助手，那个沉默的小伙子法拉第，是一匹千里马。

在意大利的发现

时间很快过去了十多天，戴维一行乘着马车离开巴黎，开始了他们的意大利之旅。

他们路过巴黎东南的旅游胜地枫丹白露森林时，法拉第不禁为大自然的美景所陶醉。戴维爵士也诗兴大发，写了几首讴歌枫丹白露森林的小诗。

只有戴维夫人嫌马车走得太慢，这位夫人过惯了豪华的都市生活，不喜欢森林、农舍、映着天空倒影的小溪。

他们乘坐的马车在里昂稍事休息，然后沿着罗讷河向南缓缓而行，于1814年2月下旬，顺利到达意大利。

在行驶的旅途中，只要有机会，戴维便会停下来进行自己的实验。大马车便是他的流动实验室，法拉第是他的随行助手，故随时可以进入角色，即使在崎岖的山路上，他们也会跳下马车，去收集路边池塘冒出的沼气，对此进行化学分析。

来到意大利不久，在热那亚港，戴维和法拉第弄到几条从海里捕捉来的电鳗。这种鱼体呈长筒形，无鳞，体侧生有两对发电器，据说能发出强电流，可麻痹鱼、蟹，甚至可以击昏渡河的牛、马等。

戴维怀着极大的兴趣，立即同法拉第一起动手进行实验，他想搞清楚，电鳗放出的动物电是否与伏打电池组产生的电一样。

戴维和法拉第用一根导线与金属片相连，再把金属片捆在一条较大的电鳗体侧，然后把导线放在另一个盛水的容器里。

如果电鳗产生的电也能使水电解成氧和氢，就可说明，它和伏打电池产生的电是一样的。

早在 10 年前法拉第从《化学漫谈》中，就了解到伏打电池能使水电解，如今要亲手探测电鳗是否也具有这种神力，他的确感到新奇。

一切准备妥当。他们便开始用木棍戳电鳗，后来又改用针刺，以激怒它，使其放出电冲击。但都没奏效，他们又反复几次，电鳗也没有什么明显反应。

可能是电鳗小了一些，电流过于微弱，如果搞到一条大一点儿的鱼，恐怕便会有不同的结果了。

有一次戴维幸运地又捉到一条电鳗，扁扁的头，体长不过 0.6 米，他刚抓到手上，就大叫一声，把鱼扔了。显然，鱼使他触电了。他们一同大笑起来。

法拉第每次和戴维一起做实验，便度过了许多有意义的时刻。不过，他同时还得充当听差的角色。

戴维在巴黎没有找到合适的人做男仆，法拉第只好继续忍受委屈。他需要安排一行人的生活起居、经费开支，车前马后地跑腿。

吃饭时他不能和戴维夫妇同桌进餐。每次他都是独自吃饭，或是同车夫、女仆一起吃。

幸运的是，戴维夫人对丈夫的实验没有兴趣，法拉第能够有更多的时间像朋友一样与戴维相处。

3 月，他们一行来到世界名城佛罗伦萨，法拉第跟随戴维访问了科学院。这座意大利的最高科学机构，是伽利略创立的。

在那儿他们参观了伽利略亲手制作的望远镜。

在科学院里，他们还参观了托斯卡纳大公用过的凸透镜。这块凸透镜很大，直径像一张小圆桌，还配有一块斗碗大的小透镜，使阳光能精确地聚焦在某一点上。焦点上的温度很高，能把东西点燃。

戴维端详着这块硕大的凸透镜，忽然心血来潮，问陪同的主人："能允许我用这块透镜做一下实验吗？"

"当然可以，爵士，但不知是什么实验？"主人欣然应允。

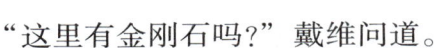

"这里有金刚石吗?"戴维问道。

"有。"主人答道。

"那太好了!我需要一个玻璃球,其余所需,法拉第先生会替我准备的。"

一会儿,管理员送来了球,同时还送来一小粒金刚石。戴维在法拉第的协助下,开始进行实验。他们先把金刚石置于玻璃球内,然后把球内的空气抽掉,充进氧气。

"等会儿我将使金刚石燃烧起来,普通空气也行,不过在纯氧中,金刚石更容易燃烧。"

戴维让法拉第调节采光镜,使太阳光直接照到凸透镜,阳光经过折射,再投射到小透镜上,最后聚焦在一点上。

戴维试着先把一块木头点燃,证明聚焦良好。之后他们小心谨慎地把玻璃球放好,使球里的金刚石正好对准阳光的聚焦点。

两人屏息注视着,一会儿金刚石渐渐发出灼热的紫色光焰。

"燃烧了!燃起来了!"法拉第兴奋地喊道。

"真的点燃了!"戴维脸上露出微笑,接着朝助手做了个手势:"快点,帮我把玻璃球移开。"

法拉第拿开玻璃球,里面的金刚石还在自燃。

"您能断定,里面的金刚石是在燃烧吗?"旁观的管理员很惊奇地问。

"如果在一间黑屋子里,你就能看得更清楚了。"戴维说。

管理员把他们带进隔壁一间小屋里,垂下窗帘。他们完全看清楚了,那粒金刚石还在发出灼热的火焰,一直烧了大约4分钟。

"我的天,金刚石真的在燃烧!"管理员完全信服了。

他们连续做了三次同样的实验,直到这粒金刚石全部烧光。最后金刚石消失得无影无踪,玻璃罩里空空荡荡,一无所有。

啊,哪里是一无所有!玻璃罩里原来是氧气,现在是什么呢?经过分析,氧气成了二氧化碳。

这证明，金刚钻就是纯碳。高贵莫如钻石，下贱不过煤炭，一个璀璨夺目，一个污脏油黑，它们原来是同一种东西组成的。

戴维把实验的结果写成论文，寄回英国皇家学会。法拉第也为老师的成绩感到高兴，只有戴维夫人大觉可惜。

4月，正是意大利阳光明媚、百花盛开的季节，他们一行离开佛罗伦萨，驱车南行，游览了古罗马城。

他们参观了罗马的许多古迹：万神庙、和平祭坛、凯旋柱，还有大圆竞技场，这一切给法拉第留下了很深的印象。

特别是祭祀天神仪式的罗马万神庙，高大的石柱，浑厚的雕刻，巍峨壮丽，庄严肃穆。

那里是人兽搏斗的大斗兽场，在千万名观众的欢呼、喝彩和尖叫声中，多少英勇的壮士葬身在猛兽的血盆大口中。

神庙和斗兽场虽然已经倾塌，只剩下残垣断壁，但是灿烂的古代文明，那混合着善和恶、智慧和愚昧、高贵和残暴的古代文明，依然历历在目。

除了这些记录着历史沧桑的古建筑，罗马的狂欢节给青年法拉第留下十分深刻的印象。

意大利人民乐观豪爽，无拘无束。法拉第十分喜欢他们的性格。狂欢节盛大而热烈，法拉第也情不自禁地加入狂欢的队伍，跳舞一直到天明。

还有一次参加化装舞会，据说因为没有合适的化装服，法拉第干脆穿着睡衣、戴上睡帽上场，这可是他有生以来第一次参加如此快乐的舞会。

在罗马逗留了一个月，他们继续南行，来到那不勒斯。著名的维苏威火山就在城郊东南十公里处，当时正在喷发。戴维和法拉第听说后，怀着浓厚的兴趣登上火山观看。

这座欧洲唯一的活火山，公元79年大爆发时，曾将庞培古城埋葬。他们登上火山口,感到热气熏人,烟雾弥漫。

戴维脚踩在火山灰上,即兴向法拉第解释火山爆发的成因。侃侃道来,十分精辟。

火山口的壮观、戴维爵士的奇才,使法拉第十分入迷。他们接着一连去观看了好几次。有一次,他们在旅游时正好遇上火山喷发,因此他们得以欣赏火山喷发的壮观景象。

法拉第一点儿也不胆怯,兴奋地迎着火光向山顶火山口走去,想看看喷火口的雄伟奇景。最后在导游的坚决劝阻下才罢休。

然而,他们并没有离开火山,在半山腰,他们找了一处较安全的地方野餐,他们利用附近滚烫的岩石,烤熟火鸡和鸡蛋,一面吃,一面欣赏火山喷发的奇观。

直到暮色四合,他们才下山回住宿地。然而法拉第仍旧不能平静,火山喷发的壮景,美丽的萤火虫,神秘的电鳗,这一切使他深深地迷恋。他仿佛觉得内心被一种超自然的神力所震撼。

随后,他们一行从意大利回到瑞士,再从瑞士到德国南部旅行。不久,又从德国回到意大利。他们经由水城威尼斯,重返罗马。

最后,在米兰会见了电学界元老伏打伯爵。意大利之行,对法拉第来说,最愉快、最使他难忘的莫过于同伏打的会见。

伏打就是伏打电池的发明者。1786年,一位叫伽伐尼的意大利解剖学家在做实验时,把一只解剖了的青蛙倒挂在铁栏的黄铜钩上,突然他发现青蛙的两条腿颤抖了一下。这一发现后人称之为"伽伐尼效应"。

虽然伽伐尼本人没有能够正确解释蛙腿颤抖的原因，他的发现却鼓舞了意大利另一位科学家、当时41岁的电学家伏打。

伏打经过深入细致的研究，终于揭开了蛙腿颤抖的原因：两种不同的金属与水相互接触，可产生一种电流，这种电流刺激了蛙腿的神经，因而引起蛙腿的颤动。

1800年，伏打根据这一原理，把若干银圆片、锌圆片和用电解液浸湿的硬纸圆片依次叠加在一起，组成一个电堆，由于两种不同金属和纸片中的电解液发生化学作用，产生了连续的电流。

这是人类史上第一次获得连续的电流！于是，人们把这个世界上第一个化学电池，命名为"伏打电堆"。

伏打电堆的出现，使科学史上增添了许多重大发现。戴维所做的那些轰动世界的电解实验，就是用的伏打电堆，通过这些实验，他发现了钾、钠、钡等新元素。可以说戴维是伏打事业的继承者。

还在学徒时期，法拉第就从《化学漫谈》中知道了伏打的名字，对他仰慕已久。

那一天，伏打身佩红色绶带，面带微笑，情绪特别好。他盛情欢迎戴维和法拉第的来访。

戴维首先向这位电学家介绍了自己的研究工作，并同时向伏打请教了一些问题。在参观伏打实验室时，法拉第饶有兴趣地大胆问道："伯爵先生，能否研究出一种电流经久不完的电源呢？"

伏打惊奇地打量了法拉第一眼，眼中露出笑意，说："后生可畏！记住吧，世界上没有不可能的事。"

这句话一直鞭策着法拉第，使他在以后攀登科学顶峰的征程中百折不挠，勇往直前。

重回工作岗位

在旅途中,法拉第经常写信给英国的亲人、朋友,向他们报平安和叙述沿途见闻。

法拉第给妹妹写信,叮嘱她照顾好母亲。他给儿时的友人去信谈观看维苏威火山的感受。他也没有忘记给利博先生去信,表达对师傅的感激,并报告欧洲大陆的出版信息。

然而,在这年11月,一封寄给伦敦哲学会会员的信里,法拉第流露出一种很少有的愤懑和失望情绪。

法拉第在信中这样说:"天哪!我怎么会远离家乡和爱我的人,来到这异国泥淖里,在这儿到处是虚幻的浮萍、钩心斗角的险影,这一切是多么的令人沮丧啊!"

收信的朋友读完之后,大惑不解。这到底是怎么回事呢?一向天性乐观的法拉第,有幸跟随戴维爵士出访欧洲,作科学旅游,情绪竟会如此低落。

法拉第的朋友忘记了戴维爵士身边还有一位太太,连戴维都拿她没有办法。这位贵妇人从离开伦敦的那天起,便把法拉第当作仆人使唤,这一切使法拉第难以承受。

本来,法拉第是作为助手来的,做仆人只是临时帮忙。可是没有想到,从法国的巴黎、里昂、蒙彼利埃,一直到意大利的都灵、佛罗伦萨、罗马、米兰,戴维夫妇始终没有另找仆人来替代法拉第。

这样,本来的临时帮忙变成了长期义务,科学助手成了助手兼听差。戴维忘了自己的诺言,一半是因为他太忙,顾不上这种"小事情",另一半也是因为太太专断,不太体谅自己的属下。

戴维对于自己的食言，多少有点感到对不起法拉第。所以他吩咐法拉第做事时往往是态度和蔼、口气亲切。

可是，戴维的夫人就不一样了。这个娇小的，黑头发、黑眼睛的美人儿喜欢享乐，也喜欢在舞会上、在歌剧院的包厢里展示自己的美貌和魅力。

"法拉第，把戴维爵士的皮靴拿去擦了！快一点儿！"

法拉第活了23岁，从来没有人这样盛气凌人地对他说过话。开始他简直愣住了。

"嗯……夫人……"法拉第含含混混地应着。他紧张地走到爵士夫妇的卧房门口，笨拙地弯下腰去拿靴子。"伦敦佬！笨蛋！"法拉第仿佛听到爵士夫人从牙齿缝里挤出了几声轻蔑的咒骂。

法拉第心里感到一阵难过，他觉得自己的人格受了侮辱，他说话本来就带点伦敦土腔。

法拉第知道，在上流社会里操着这种含混不清的土腔说话，是要受人耻笑的。所以他和市哲学会里的穷朋友们一起切磋，注意改进自己的发音。

为了说话不吞音，不带鼻音，法拉第费了多少工夫！可是今天在戴维夫人面前一慌张，他的伦敦土腔又暴露出来了。

法拉第本来就没有在上流社会混过。上流社会里的绅士先生们，那站立的姿势，说话的神态，步履的轻盈，一转身，一点头，都有一定的功架，都要讲究风度，对于这一套，法拉第是一窍不通的。

这天站在爵士夫人面前，在那双挑剔的眼睛的注视下，他不知道如何是好，越发显得笨手笨脚。

替戴维爵士打杂，干仆人的活，法拉第虽然不愉快，但是还能忍受。戴维毕竟是他的恩人，要不是戴维提携，他今天或许还在串街游巷给人装订书呢。

再说，戴维的头脑像取之不竭的知识宝库，法拉第向他学到了多少东西啊！也许当听差就是为了学习所付的学费。

可是戴维夫人算什么呢？这个自命不凡、装腔作势的女人，她神气什么！她凭什么对人颐指气使、挖苦嘲弄？不过是凭她那几个臭钱罢了。

法拉第受到她的欺凌，心里升起一股怒火。这年轻人是善于克制自己的感情的，但是戴维夫人欺人太甚，完全把他当作仆人对待，他忍无可忍，开始反抗。

"法拉第，把汉弗莱爵士的大衣拿出去刷一刷，爵士今天晚上要出去做客。"戴维夫人又在下命令了。

法拉第正在埋头做实验，他装做没有听见。

"法拉第先生，"夫人的嗓音提高了，她把"先生"这两个字说得特别响亮，"我叫你把汉弗莱爵士的大衣拿到外面去刷一刷，听到了没有？"

法拉第还是不答理她，只管继续做自己的实验。夫人哼了一声，气鼓鼓地走了。她跑到戴维面前告状，说法拉第这小子简直反了，叫他做事，竟理也不理。

戴维了解法拉第，这年轻人脾气倔，自尊心又强，不喜欢人家指使他。戴维也了解自己的夫人，她爱好虚荣，对下人专横。

一个压，一个反抗。可是这两个人戴维都少不了，他只能扮和事佬的角色。他劝夫人说：

"算了，算了，法拉第先生正忙着做实验，那个实验很重要，让他做去吧！大衣我自己刷两下就行了。"

可是戴维夫人才不肯就这样算了！丈夫袒护法拉第，更使她对法拉第充满了敌意。

这穷小子算什么东西！要不是汉弗莱爵士提拔他，他至今还在伦敦的臭水沟里爬呢！要他替爵士做听差，还是抬举了他呢！这小子说话土里土气，一点教养也没有，却偏要摆出一副科学家助手的面孔，一本正经地做实验，对于夫人的命令根本不予理睬。

戴维夫人鄙薄法拉第，法拉第也以轻蔑回报。戴维夫人声色俱厉地指使法拉第做这做那，法拉第用沉默作为回答。

这位盛气凌人的夫人碰了几次钉子，丈夫又不给她撑腰，奈何不得，只能把气势收敛了一些。不过有一件事情她决不让步，她决不准法拉第和她同桌吃饭。

一路上法拉第总是同侍女、车夫一起吃饭。法拉第本人倒不在乎这个，他本来就不习惯上流社会那一套虚情假意和烦琐的礼节，和仆人们在一起，反倒更自在一些。

然而，也有人不这样想。有一次在日内瓦逗留期间，主人德拉里弗教授请他们一同打猎。

戴维走在前面，法拉第背枪同主人走在后面。开始，主人以为他是戴维的"听差"，可是当他同法拉第交谈时，才惊奇地发现，这位"听差"对各国科学家正在研究的问题了如指掌，并且对许多问题有着自己的独到见解。

教授问起法拉第的经历，才恍然明白这位年轻人是戴维的助手，是一位青年科学家。然而自己却把他错看成了仆人，德拉里弗教授深感不平。

打猎回来，德拉里弗教授吩咐佣人在大餐桌上多摆上一套餐具，一定要法拉第和其他宾客共进晚餐。他认为这是对一位科学工作者最起码的尊重。

但是戴维夫人坚决反对这样做，并且扬言宁可待在自己房间里，也不和法拉第同桌进餐，搞得戴维也很难堪。

主客双方相持不下，最后做了折中安排：单独替法拉第准备了一份酒菜，送到他房间。

这件事使法拉第的地位大有提高，却也加深了戴维夫人的恨意。冲突愈演愈烈，法拉第的自尊心受到极大的伤害。

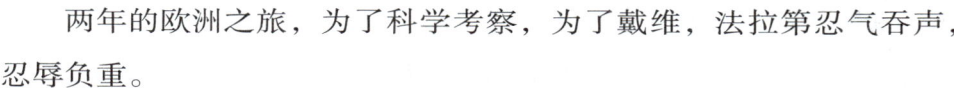

两年的欧洲之旅,为了科学考察,为了戴维,法拉第忍气吞声,忍辱负重。

然而一个人的忍耐总是有限度的,作为一个血性男儿,法拉第实在无法忍受了,火山终于爆发了。

法拉第写信告诉他的朋友说,他离别了家乡,离别了他所爱的和爱他的人,回家的日子遥遥无期,也许就这样永别了呢!这样做究竟能有什么收获?

"能够获得知识。是的,是能够获得知识。可是那是些什么样的知识呢?那是关于世态人情和举止谈吐,关于书本和语言的知识。这些东西本身确实具有无比的价值,然而他天天看到,知识出卖贞操,为最卑下的目的服务。"

"为了做一个有学问的人,要把他们降低到和恶棍、无赖为伍的地步,这有多么堕落!做一个有头脑的人,结果仅仅是向他们展示,周围的人通通都是阴险奸刁、尔虞我诈!"

"可是有这样一些人,他们仅仅受到大自然的教育,生活过得又满意、又幸福,他们的荣誉不受污辱,头脑不受恶浊世风的感染,他们的思想高尚,始终不懈地追求德行,避讳罪恶,对待人家就像希望人家对待他们自己那样,他们为人正直、品德高尚;比起他们来,那种有学问的人又算得了什么。"

这一年多,法拉第写的信总是充溢着青春的欢愉。他观察敏锐,描写精细,感情真挚而又含蓄,文字庄重却又不乏诙谐。读他的信是一种享受,使人感到温暖、亲切。

在朋友们的心目中,年轻的法拉第是智慧、才干、勤奋和自我克制的化身。可是现在,这年轻人突然爆发了,愤怒像洪水一般,冲决了理智的堤防。

当时,按原计划戴维还将去希腊和土耳其访问。法拉第终于决定同戴维夫妇分手,取道北上提前回国。这样做他可能从此失去英国皇家学院的前程，然而，在当时，法拉第实在别无选择。

可是，造物主仿佛不忍心法拉第同戴维就此诀别，就在这时，世界局势发生了剧变。

法拉第跟随戴维游历欧洲的两年，正是拿破仑帝国土崩瓦解的时候。1814年4月，拿破仑被迫退位，被困在意大利的厄尔巴岛上。1815年3月，拿破仑逃出厄尔巴岛，东山再起。

这位末路英雄从法国登陆，战事重开。整个欧洲陷于一片混乱。戴维爵士决定取消去希腊、土耳其的计划，立即起程，提前回国。这样法拉第便没必要提前和戴维分手了。

同年4月，他们一行绕道德国、荷兰，经比利时回到英国。离开比利时首都布鲁塞尔时，法拉第怀着归心似箭的心情，给母亲写信报告归家的日程，喜悦之情溢于言表。

然而出乎意料的是，当法拉第回到伦敦，竟发现自己失业了。原来在他随戴维游历欧洲的两年中，皇家学院已另聘了实验室助理。

除非戴维爵士对他欧洲之行的工作给予极高的评价，否则想在皇家学院谋职，希望甚小。此时，法拉第再次感到前景的渺茫。

法拉第在焦灼中等待了两个星期，当他考虑是否应该重回书店之时，戴维爵士再次伸出了援助之手。

第二个星期的最后一天，皇家学院派人送来通知，让法拉第重回学院上班。职务仍然是实验室助理，兼任仪器总监，每周薪水从25先令增至30先令。

法拉第就此踏上了新的征程。

科学研究

如果实验不成功,这只能表明我不善于处置它;经过多次实验,假若还是不能成功,那也应当找出原因来。

—— 法拉第

独立进行研究

法拉第重新在皇家学院任职后，便全身心地投入到实验室工作。法拉第并非一个盲目的实验家。他经常以助手的资格参加皇家学院的讲习会，充分利用皇家图书馆的资料，并向戴维爵士和经常来院的著名科学家求教。

但是，法拉第最好的老师，还是所做的那些实验本身。在科学的实验中，不同的操作者，不同的条件，常会得出不同的结论。重要的是要善于发现和正确判断。

法拉第每一次实验都一丝不苟，他对实验中的各种现象极为敏感，善于捕捉那些偶然闪现的思想火花。他并不满足现成的结论，不盲目崇拜经典理论，总喜欢探索新的东西，是他的最大特点。

在实验面前，法拉第是一个优秀的探险家，是一个不倦的勘探者。在两三年时间里，经过实际锻炼，法拉第完全具备了出色的实验才能。

在戴维的亲自指导下，法拉第开始走上独立研究的道路。1816年，25岁的法拉第在《科学季刊》上发表了第一篇科学论文。

法拉第当时还有些担心害怕，这种初出茅庐的紧张，每一个第一次发表文章的年轻人都会有亲身的体会。

这篇论文不长，内容是对生石灰的化学分析。法拉第是在旅欧途中发现这种石灰的，这是他跟随戴维出国考察的第一个直接的收获。

《科学季刊》由接替戴维讲座的布兰德教授主编。布兰德教授对法拉第的文章十分欣赏，特地邀请他协助编辑《科学季刊》。

法拉第得到一个很好的锻炼机会，第二年，法拉第在《科学季刊》上发表了6篇论文。

1818年，法拉第又发表了11篇论文，这些论文所涉及的课题，大都是应戴维和布兰德的要求做的，属于化学分析领域。

其中有一篇关于火焰的学术报告，大胆地指出了名家理论的错误。这篇论文标志着法拉第科学上的准备时期已告终结。

名师出高徒，在戴维的引导下，法拉第经过刻苦钻研，勤奋工作，终于成为一个年轻有为的化学家。

这个时期，法拉第还协助戴维完成了一个重要的科研课题：研制安全矿灯。

当时的英国煤矿曾多次发生可怕的瓦斯爆炸，损失伤亡惨重。有一次卡尔迪弗矿井爆炸，造成上千名的矿工死亡，英政府宣布全国服丧致哀。

为解决这一难题，英国国会专门成立一个委员会来研究加强矿井安全的措施，并特邀戴维爵士参加这项工作。

戴维义不容辞地欣然受命。为查找原因，戴维和法拉第深入矿井调查，经过研究，他们发现，瓦斯爆炸是由矿灯里的火焰引燃的。

如果在矿灯周围装上一层金属网罩，火焰的热量会被金属散发掉，瓦斯便不会爆炸。

根据这一原理，戴维发明了一种有罩的安全矿灯。在现在看来，这种安全灯已经过时，但在那个时候却拯救了成千上万个矿工的生命。

因此，有人把戴维发明安全矿灯和英国名将威灵顿在滑铁卢大败拿破仑，并列为1815年英国的两大胜利。

戴维因发明安全矿灯的功绩，获得了伦福德勋章。在两年后出版的安全灯论文集里，戴维爵士特意写道：我本人向法拉第先生致谢，他在我的实验中，给予了许多有力的帮助。

1818年，戴维爵士再次到欧洲大陆访问。这次他是应意大利科学家的邀请去解决考古方面的难题。

公元79年维苏威火山爆发，埋葬了两座城市，一座是庞培，另一座是赫库兰尼姆。

意大利人在赫库兰尼姆废墟里，发掘出多卷用纸草编织的古书。这些古书已被粘成一团，很难把它们分开。他们期望能用化学的方法使这些古籍重见天日，于是想到了无所不能的戴维。

然而，伟人也不是全知全能的，这一次戴维没有解决这一难题。他用尽了各种方法都没有成功。

1819年，戴维写信邀请法拉第去罗马，同他合作攻克这个难题。几次书信往返和法拉第商量这件事情，但是法拉第经过慎重考虑，最后婉言谢绝了导师的邀请。

当时，在法拉第的心目中，戴维依旧像神明一样神圣。他收集戴维的每一页手稿和实验记录，把那些信手书写、随笔涂改的纸片当作宝贝珍藏起来。

法拉第还用自己工整秀丽的小字把戴维的手迹誊抄清楚，装订成两大册保存起来。本来，戴维召唤法拉第，就像磁石吸铁那样灵验。

可是法拉第一想起几年前游欧洲大陆的情景，心就凉了。一切的不愉快都是那位娇小的爵士夫人引起的，而现在她正在罗马，陪伴在爵士身边。不，绝不能再到那里去受屈辱了！

法拉第谢绝戴维的一番好意，还有一个原因，那是因为法拉第在皇家学院所起的作用越来越大，简直难以脱身。

自从他来到皇家学院，实验室里变了样，玻璃器皿擦得锃亮，仪器安放得井井有条，窗明几净，面目一新。

这个年轻人面貌温和，内心火热。他心里只有工作，只有科学，皇家学院的院长和理事们当然舍不得他走。

除了上面这些原因，其实还有一个重要原因，那就是现在的法拉第，喜欢上了一个女孩，他开始恋爱了。

步入婚姻殿堂

年轻人要爱情,就像春天要开花。法拉第的爱情季节来了。但是爱情太昂贵。为了得到爱情,需要花费大量的时间。

法拉第太穷了,也太吝啬了,虽然他需要爱情,但是却出不起那样的高价。而且对于婚姻和爱情,青年法拉第曾经抱着敬而远之的态度。几年前陪同戴维夫妇游历欧洲,使他深感结婚并没有给戴维带来什么幸福。

看来,法拉第下定决心一辈子过独身生活了。年轻人披星戴月,走上了科学的战场。

法拉第面容严峻,一步一个脚印,没有任何关于爱情的遐想,甚至故意对爱情进行排斥。然而,就在法拉第有了这样的选择之后没有多久,顽皮的爱神就来捉弄他,乘他不备,把他俘虏了。

伦敦的红十字街保罗胡同里有一个小教堂,每星期天总有100多个教徒在这里举行礼拜仪式,他们是桑德曼教会的信徒。

这个教会的创始人是桑德曼牧师,他继承岳父格拉斯牧师的事业,主张重内容,轻形式。

基督教的真谛就在于耶稣基督和他的门徒的教诲,只要坚信《圣经》,照《圣经》上说的去做,世人就能得救。

这个小教派的信徒大多是穷人。他们没有专职牧师,教会的事务由选举产生的几名长老主持。他们固守自己的阵地,不向外传道,不扩展会众。其他教派的那种繁文缛节,他们通通不需要,他们遵循古老的传统。为了发扬基督教平等博爱的精神,他们甚至像《圣经》上所记载的那样相互洗脚。为了强调基督的天国绝非尘世可以比拟,桑德曼教会的教徒受到告诫，不许弃贫爱富，积敛财产。

在金钱万能、拜金成风的社会里，这小小的桑德曼教会居然能够存在，不能不说是一个奇迹。

法拉第的家里，从祖父开始就是桑德曼教会的信徒。法拉第从小跟着父母在红十字街保罗胡同的教堂做礼拜。

法拉第在教堂里认识了巴纳德先生，巴纳德是个银匠，还是桑德曼教会的长老之一，他有两个儿子，三个女儿。

很快，法拉第和巴纳德全家交了朋友，特别是巴纳德的长子爱德华，因为参加法拉第他们的学习活动，和法拉第交往密切。

1818年，一个名叫斯托达特的刀片制造商因为研究新的优质合金钢的生产方法，到皇家学院来请求帮助。

法拉第接受了这个任务，他非常重视厂里老工匠的经验，决定到威尔士去做一次徒步旅行，沿途考察，收集民间的各种生产经验。

1819年夏天，法拉第踏上旅途，他的第一个目的地是盖斯特先生开办的炼铁厂。

实验室里那种宁静和慢条斯理的工作作风，同工厂里的那种紧张、喧闹和热气腾腾恰好成为对照。

法拉第听到了机器的轰鸣，看到了飞轮、齿轮、皮带轮的飞速转动，他学到了许多工业生产知识，但是制造新的优质合金钢的关键仍旧没有找到。

法拉第继续在威尔士的山林间漫步，到各地的工厂和矿山去参观。旅行回来，法拉第晒黑了。他觉得自己健康、幸福，心里也仿佛充满了阳光。

有一天，法拉第无意中把自己的笔记拿给好朋友爱德华看。爱德华在他的笔记中竟然看到了一首声讨爱情的诗，在这首诗中，法拉第诅咒爱情是"传染病""扫帚星""把聪明人变成了糊涂虫"。

爱德华哈哈大笑，把又正经又古板的法拉第奚落了一番。

爱德华回到家里，把法拉第关于爱情的古怪想法悄悄地说给20岁的妹妹莎拉听。莎拉是一位恬静、文雅、长着一头美丽的棕色鬈发的姑娘。

机灵的爱德华近来发现，他只要一谈起法拉第的事情，妹妹的脸上就会流露出一种奇异的表情，要是她在绣花，就会停下针来，出神地听着；要是她空手坐着，又会赶紧拿起绷子来绣花。

这小姑娘对法拉第有兴趣了！爱德华想。

要是一个男子表现出对所有的女子都不感兴趣，那么他就一定足以引起许多女子的兴趣，法拉第就是这样。

法拉第那首谴责爱情的诗，更引起了莎拉对他的兴趣。至于法拉第，爱德华的担心也是多余的。

其实，莎拉这恬静文雅的姑娘，她那高洁的前额，亮晶晶的大眼睛，也吸引了法拉第的注意。

有时他们在教堂里打了照面，姑娘会羞涩地低下头去，把满头美丽的鬈发对着他，可是看得出，姑娘那张孩子气的嘴露出了微笑，眼中射出了快乐的光彩。

这时法拉第仿佛觉得，那快乐的光彩照到了他的心里，胸中不禁会升起一种异样的、温暖的感觉。

渐渐地法拉第爱上了莎拉，但是他不愿意承认自己爱上了，因为他是坚强的，有自制力的。然而他毕竟爱上了，春天要开花，青年人要恋爱，法拉第被爱神俘虏了。

有一天，法拉第到巴纳德家里做客，突然，温柔、羞涩的莎拉跑上来，勇气十足地对法拉第说："法拉第先生，听说你有一个笔记本，里面写了许多有趣的诗，能不能拿来给我看看？"

法拉第对于这突如其来的要求毫无思想准备，他只能含含糊糊地搪塞说："嗯，嗯，巴纳德小姐，那个笔记本里全是胡扯，没有什么好看的，还是别看了吧！"

"不，不是胡扯，法拉第先生，"温柔的莎拉说话，语气里竟带着几分嘲讽的味道，"我听说了，你的诗是很有教育意义的。听说你训斥女性，咒骂爱情，我很感兴趣。我很想拜读你的大作。我一定要拜读。明天请你一定把笔记带来。"

温柔、羞涩的莎拉提出这样坚决的要求，使法拉第无法拒绝。第二天，他只能硬着头皮把自己的笔记带给莎拉。

莎拉拿着法拉第的笔记，翻来覆去地看，似乎每看一遍都会看出一层新的意思。

那首声讨爱情的诗固然使莎拉有点生气，可是今天那首墨迹未干的表示悔过的诗，却使莎拉又惊又喜。"用行动改正我的错误"，"引上悔改的道路"，这是什么意思？

莎拉是个聪明的姑娘，自然懂得这种隐讳含蓄的文字。这个法拉第先生，真是个书呆子，用这样的诗来求爱，真可笑！但是不管怎么可笑，他的求爱开始了。

法拉第的爱情来得晚来得慢，可是一旦来了，却又强烈又持久。就像一切心地单纯的人那样，法拉第不懂得什么叫犹豫。

1820年7月，法拉第开始给莎拉写信，他在信中说："你知道我过去的偏见，也知道我现在的想法，你了解我的弱点、虚荣心和全部思想；你使我从一条错误的路上回头，让我有希望，你将设法纠正我的其他错误。请不要收回你的友情，也不要因为我要求比友情更进一步而用绝交来惩罚我。如果你不能给我更多的东西，那就让我像现在这样继续做你的朋友。可是，请你了解我的心情。"

如果说，那首请求宽恕、表示悔改的诗还仅仅是一种暗示，那么现在这封信却是直言不讳了。

莎拉把信拿给父亲看，心扑通扑通地跳着，等待着父亲的回答。巴纳德先生看完信，摘下老花眼镜，盯住面孔涨得通红的女儿。

老银匠心里很高兴，可是他却对女儿说："亲爱的，你那位法拉

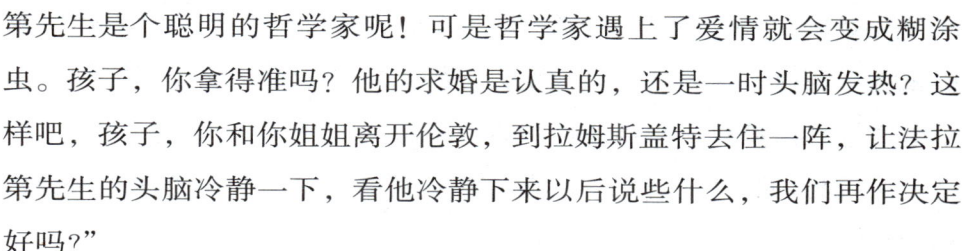

第先生是个聪明的哲学家呢！可是哲学家遇上了爱情就会变成糊涂虫。孩子，你拿得准吗？他的求婚是认真的，还是一时头脑发热？这样吧，孩子，你和你姐姐离开伦敦，到拉姆斯盖特去住一阵，让法拉第先生的头脑冷静一下，看他冷静下来以后说些什么，我们再作决定好吗？"

莎拉跟姐姐雷太太到拉姆斯盖特了。法拉第的头脑不但没有冷静下来，反而更热了。他跳上驿车，跟到拉姆斯盖特。

当天晚上，他就找到了莎拉，姑娘又惊又喜：她的欢喜藏在心里，惊讶却表露在脸上了。

法拉第把事先准备好的话忘得一干二净，他发起牢骚来，他把拉姆斯盖特的道路、旅舍、居民通通骂了一顿。

"法拉第先生，"姑娘委屈地说，"你骂拉姆斯盖特，是不是因为我在这里？你既然讨厌这个地方，为什么还要来呢？"

法拉第急忙解释说，他不是这个意思，刚才发牢骚是因为心里烦恼。拉姆斯盖特再坏上 100 倍，坏上 1000 倍，他也会跟来的。

法拉第改换话题，谈起了伦敦的工作，谈起了家里的朋友和亲人，对，朋友、亲人、家，这才是莎拉喜欢的话题。

法拉第在拉姆斯盖特停留了很长时间，可是天气一直不太好。后来，天空终于晴朗了，他带着莎拉到多佛尔海边去玩。两个年轻人站在绝壁顶上，头上是蓝色的天空，脚下是蓝色的大海，海风把他们的头发吹乱了。就在那里，莎拉答应了法拉第。

1821 年 5 月，法拉第被提升为皇家学院事务主任，并且在布兰德教授请假离任期间代理实验主任的职务。

根据规定，事务主任可以携带家眷，在皇家学院大楼的楼上占用两间比较大的房间。

1821 年 6 月 12 日，确实是很安静地度过的。法拉第没有邀请许多亲友来参加婚礼，因此还得罪了一些人。

早晨，新郎、新娘去教堂，静悄悄地举行了婚礼仪式。随后去新娘家搬东西。东西搬到皇家学院大楼楼上，实验室里出了些问题。助手上楼来找法拉第，小声向他报告。

法拉第一听马上就下楼。在实验室里忙了一下午。等他想起新娘正独坐在上面那一堆堆凌乱的家具中，急忙赶到楼上，天已经不早了。新娘没有生气，她只是说："唉，迈克尔，你看……"

话没有说完，她又温柔地笑了。

新婚那天虽然安安静静地过去了，却给法拉第留下了永生难忘的印象，那天的每个小时、每分钟都是值得纪念的。

那一天，两个桑德曼教会的信徒结合了，恬淡、幸福的家庭生活开始了。

婚后，法拉第没有带着莎拉去度蜜月，他手头正有重要的工作。在举行婚礼的那天，戴维爵士写来了一封贺信：

"希望你继续努力，工作顺利，在夏天做出许多成绩。祝你婚后幸福，相信你一定会幸福的。亲爱的法拉第先生，我是你真诚的朋友。汉·戴维。"

开始电磁研究

法拉第又投入了紧张的科学研究。当时，他正埋头进行电和磁的探索，这是世界科学界都在关注的热点课题。

谈到法拉第对电磁学的研究，还需对电磁学的发展史作一简单的回顾，必须提及丹麦科学家奥斯特的发现。

在法拉第结婚的前一年，即 1820 年，奥斯特发现了电流的磁效应，第一次揭示出电和磁的密切联系。这件事改写了电学史，也改变了法拉第的研究方向。

电和磁犹如一对孪生兄弟，有许多相似之处。古希腊哲学家泰勒斯曾把电和磁错误地看作同一回事，认为摩擦琥珀吸引草屑和磁石吸引铁片，都是因为"有灵魂"。

1600 年，一位名叫吉尔伯特的英国御医纠正了泰勒斯的错误，明确指出电和磁是两种不同的现象。

但是自从那时以后，许多人又把电和磁当成互不相关的东西。在人们的心目中，磁是磁，电是电，两者没有任何关系。

到了 18 世纪中叶，德国大哲学家康德对世界提出了一种全新的见解。他在 1786 年出版的《形而上学》一书里写道：自然界的作用力，如电、磁、热、光和化学亲和力等，都是引力和斥力在不同条件下的转化。

而在这一年之前，法国学者库仑经过实验断言，电和磁两者之间没有关系，也不能相互转化。

康德阐述的是一种思想，库仑提出的是一个实验的结论。因而当时绝大多数科学家觉得后者更可信，认为库仑的观点是正确的。电和磁究竟是否有联系呢？

科学家说："两者不会有关系。"

哲学家说："两者会有关系。"

大自然却提供了一些神秘的问号。

早在17世纪，人们就发现了一些奇怪的现象。1681年7月，一艘航行在大西洋的商船被雷电击中，结果船上的三个罗盘全部失灵：其中两个消磁了，另一个指针的南北指向颠倒。

还有一次，意大利的一家五金商店遭到闪电冲击，事后发现被击毁的盒子里，有的刀叉被烧熔，有的被磁化了。

这些现象说明，闪电既能使钢失去磁性，又能让钢带上磁性。据说，富兰克林在一次做莱顿瓶放电实验时，也曾意外地发现，钢针被磁化了。

如何对这些现象作解释呢？

1820年，一位具有哲学头脑的化学家解决了这个难题，第一个发现了电磁之间的微妙关系。这位开路先锋的名字叫奥斯特。

奥斯特1777年8月生于丹麦的路克宾，父亲是一个制药匠，家境贫寒。奥斯特12岁即帮父亲制药，因此他对化学着了迷，17岁考入哥本哈根大学，攻读理化和药物学，同时对哲学产生极大的兴趣，22岁获哲学博士学位。

大学毕业后，奥斯特曾去柏林旅行，结识了不少科学家。1804年，他回到丹麦，在哥本哈根大学任自然哲学教授。

奥斯特信仰康德的自然哲学观，相信自然界的各种力是统一的，光、电、磁、化学亲和力等在一定条件下可以互相转化。其博士论文题目便是《康德哲学思想与自然科学》。

在这种哲学思想的指导下，他一直试图寻找电力与磁力之间的联系。这是一次大胆而又目的明确的探索，但是道路是曲折的，他做了许多实验，都未能如愿以偿。起初，奥斯特用莱顿瓶实验，没有发现它有磁效应，后又改用伏打电堆产生的电流做实验，也失败了。但他却没就此止步，而是勇敢地探索下去。

1819年冬季至1820年春天，奥斯特从事了电学与磁学的讲课。这几个月对他来说是十分重要的。

奥斯特重新思考多年来一直萦绕在心的那个问题：如何使电流向磁转化。他想，如果电流能产生磁效应，也许这个磁效应的作用是横向的，而不可能沿着电流的方向。因为不少人沿着这个方向去探索，结果都没有得出理想的答案。

这是一个大胆而聪敏的设想。

1820年4月的一天，奥斯特在课堂上抱着试一试的想法，做了一次即兴实验。

奥斯特把一根很细的铂丝连在伏打电槽上，细铂丝下搁着一个用玻璃罩着的磁针，以往的实验，磁针与导线是垂直的，这次他特意让磁针与细铂丝平行。在许多学生的面前，奥斯特接通电源，这时他猛然发现，磁针果然摆动了一下！

由于他实验的电流很小，磁针的摆动并不十分的明显，在场的学生并没有注意到这一现象，然而奥斯特却大喜过望。

据说奥斯特当时高兴得竟然在讲台上摔了一跤。只有奥斯特知道，这是人类第一次有意识地发现了电和磁的关系！

又经过三个月的深入研究，奥斯特终于搞清楚了在通电导线的周围，的确存在一个环形磁场，这正是他一直在寻找的电流的磁效应。

1820年7月21日，奥斯特在一家刊物上公布了自己的实验结果，论文题目是《关于磁针上的电流冲击的实验》。

这是一篇划时代的论文，薄薄四页，没有任何数学公式，也没有示意图，但它以简洁和精练的文字向全世界宣告：人类第一次找到了电和磁的转换关系。

电和磁，这两条古老的河流在奥斯特这里汇合了！

奥斯特的发现轰动了全欧洲的物理学界。人们本来以为毫无关联的两种现象，竟有如此奇妙的关系。

这个发现成了近代电磁学的突破口，各国科学家纷纷转向电磁研究。法拉第后来对奥斯特的发现作了如此精辟的评价："它猛然打开了一个科学领域的大门，那里过去是一片漆黑的，如今充满了光明。"

全世界科学家的视线都集中到这里来了。他们奋蹄扬鞭，跃跃欲试，法国的一批科学精英冲在最前面。

奥斯特的发现是7月21日公布的，9月11日，一位从瑞士旅行回国的法国科学院院士阿拉哥把这一信息带回了巴黎。

阿拉哥在法国科学院的例会上，兴奋地介绍了奥斯特的最新发现，在座的院士们大为惊奇。

法国科学院的院士们一直为库仑的传统观点所束缚，确信电和磁没有什么联系。殊不知库仑的结论是在静电、静磁的条件下得出的，只具有局部真理的性质。一旦电荷流动起来，奇迹就发生了！

安培也曾经十分赞成库仑的观点。但他思想活跃，头脑敏锐，十分善于接受他人的研究成果。

在例会上听到奥斯特的发现后，安培立即改变了自己往昔的固执看法，第一个意识到这一惊人的发现，为科学家们提出了激动人心的新课题。

安培想，既然磁体和磁体之间有作用力，磁体和电流之间也有作用力，那么电流和电流之间是否也会相互作用呢？

这是一个极富想象力的推测，安培决定立即进行实验。

正当大多数的科学家们还沉浸在对奥斯特发现的惊叹之中，安培已在实验室中紧张地做起实验来。

仅仅在奥斯特的发现传到法国的两星期之后，也即9月25日，安培向法国科学院报告了自己的新发现：当两根平行导线通上同向电流时，相互吸引，电流方向相反时，相互排斥。

安培的发现是继奥斯特之后有关电磁现象的第二个重大发现，这充分证明了电流确实具有磁性，电现象和磁现象之间存在着不可分割的联系！

继安培之后，法国其他一线科学家们也纷纷上阵，向这一新领域发起了冲锋。即在安培公布平行电流的同一天，阿拉哥宣读了题为《关于钢和铁在电流作用下被磁化的实验》的论文。

10月，比奥和萨伐尔用数学公式概括了奥斯特效应中电流和由它引起的磁场之间的定量关系，此公式被命名为比奥—萨伐尔定律。

戴维敏锐地意识到奥斯特的新发现包含着不可估量的价值。这位一向站在科学前沿的闯将兴奋得再也坐不住了，他把法拉第找来，一起研究。29岁的法拉第同样被这个重大发现所吸引。师生两人怀着极大的兴趣重复了奥斯特的实验。果然，南北指向的磁针在通电导线下面会转成东西方向。

电和磁存在微妙的关系已是不容置疑的了，法拉第久久地思索着：这是什么原因呢？

许多科学家也都在思索着同一个问题，因电流和磁之间的作用力，跟当时已经知道的任何一种力，如万有引力、静电力、磁力都不同，这些力皆表现为推或拉，而新发现的力却是一种转动的作用。

这其中的奥秘是什么？其背后是否有更深层的内容呢？无论是奥斯特本人、安培、戴维，还是别的电学家，一时都无法解开这个谜。

法拉第完全懂得这一发现具有不可估量的意义，他决心沿着奥斯特打开的缺口，作进一步的探索。

获得新的突破

以法拉第当时的助理身份,是没有资格涉足导师的研究领域的,然而他无法抵挡住真理的诱惑,毅然决然地一头闯进了电磁学这个充满着未知和神秘的领域。

在英国皇家学院的科学家中,除戴维外,还有一位名叫威廉·沃拉斯顿的科学家对电和磁抱有极大的兴趣。

沃拉斯顿知识渊博,而且是皇家学院院士、戴维的好友,1903年因发现金属元素钯和铑而闻名国内外科坛,另外还发明了气压表、测微计、天平激码等多种仪器。

沃拉斯顿为人豁达,多才多艺,据说能在玻璃上刻出蝇头小字,其微细程度,只有用显微镜才能看清。

几个月前,英国皇家学会会长班克斯爵士病逝,继任会长人选,沃拉斯顿和戴维呼声最高,但沃拉斯顿不愿和朋友竞争,因此谢绝了提名,后来戴维当上了皇家学会会长。

在法拉第同莎拉举行婚礼前两个月,也即1821年4月的一天,沃拉斯顿兴冲冲地到皇家学院实验室来找戴维。

"老朋友,我设计了一个绝妙的实验,可以让通电导线自己转起来!"55岁的沃拉斯顿满脸红光,像孩子一般兴奋。

说着,他从口袋里掏出一张草图,向戴维解释起来。根据沃拉斯顿的设计,在两个金属碗中间夹一根导线,给导线通上电流,然后拿一根磁棒移近导线,导线就会绕着自己的轴转起来。

戴维看完草图,意味深长地点了点头。用一块磁铁使一根通电的导线沿着自身的轴转动,这的确是绝妙的奇想!奥斯特发现了电能影响磁，而沃拉斯顿却从反面去实验，要证明电也能被磁影响。

沃拉斯顿要求戴维立即为他安排实验。法拉第当时恰好不在实验室里，戴维只好亲自动手，为沃拉斯顿当帮手。

一切准备妥当，戴维给导线通上电，可是他们期待的那一刻没有出现：导线并没有转动。

接着，他们又重复实验了几次，结果导线仍没动。这是什么原因呢？沃拉斯顿失望地耸了耸肩。戴维俯下身去，仔细地查看每一个环节，结果没什么差错。

"也许，上帝知道其中的原因！"戴维无奈地说了句玩笑话。

当法拉第来到实验室时，他们两个已做完实验，正在收拾仪器。他们一面收拾残局，一面讨论通电导线不会转动的缘故。

奥斯特的实验证明了，通电导线能使磁针发生偏转。按照作用与反作用的原理，磁体也应该使通电导线发生转动，这是符合逻辑的。

可到底为什么沃拉斯顿的通电导线转不起来呢？法拉第仔细地听着两位大师的讨论，他没有做声。

法拉第不是皇家学会成员，他只是学院的一名助理。如果自己想独自进行电磁实验是需要勇气的。

根据皇家学院当时的规矩，假使一个科学题目已经由一位著名的科学家进行研究，比他地位低的人就不能进行同样课题的研究。换句话说，他没有资格"侵入"老师的研究领地。

法拉第早就对电感兴趣，十几年前在利博先生铺子的阁楼上就摆弄起电机、莱顿瓶。到了皇家学院以后，法拉第整天忙着做化学实验，反而把电的研究搁在一边。

戴维和沃拉斯顿的讨论，像几粒火星落到一堆干柴上，点燃了一场熊熊烈火。

电和磁对法拉第的吸引实在太大了，他情不自禁地越过了雷池。既然现有的理论无法解释新现象，法拉第决定从实践中寻求答案。

法拉第把收集到的有关电磁现象的资料，仔细地进行比较研究，并且一一用实验来重新检验。

经过一番对比和思考，法拉第突然意识到：沃拉斯顿的实验失败了，并不意味着沃拉斯顿思路无法行得通，假如用另一种方法来进行实验呢？

婚礼的第二天，法拉第就投入了新的尝试。他采用了很多方法进行实验，都没有成功，但他一点儿也不气馁，继续设计新的方案。

9月3日，这位天才的实验家终于想出一个妙法：他把一根磁棒直立在一个玻璃缸中，磁棒底端用蜡固定于缸底，然后在缸中盛满水银，只使磁棒的北极顶部露出于水银面。

接着，法拉第用一根粗钢丝穿过软木塞，让它浮在水银液面上。粗钢丝的上端通过一根细铜线连在伏打电堆的一个极上，粗钢丝的下端浸于水银液里。

然后，法拉第又用一根导线连在伏打电堆的另一个极上，只要把这根导线浸到水银液里，便会形成一个闭合回路。

法拉第的实验设计关键是采用水银，它既导电，又将转动的阻力减到最小。穿过钢丝的软木塞浮在水银液面上，稍有一点扭动都可以发现。

法拉第把电源接上，使他惊喜异常的是，软木塞上的那根钢丝果真绕着磁棒转起来了。

"转起来了！转起来了！乔治，你快看！"法拉第欣喜若狂，叫喊起来。

乔治是莎拉的弟弟，这天来这儿做客，恰好在场观看法拉第的实验。小伙子仔细观看，那插在软木塞上的导线，像被一种神奇的魔力所牵引的桅杆，颤巍巍地摆动着，在小小的水银液面上移动。

这实在是神了！乔治睁大眼睛，说不出话来。法拉第却快活得手舞足蹈起来，他跑上楼去，硬把新婚三个月的妻子莎拉拽下来，看他的实验，共享实验成功的喜悦。

法拉第猜想，假使把磁棒的北极固定在缸底，铜线会绕着磁棒的南极，向相反方向旋转。他把磁棒倒过来，再做实验，果然和他预料的一样。

莎拉的脸上露出惊喜的笑容，乔治则"啪啪"地鼓起掌来。

法拉第确实是一个实验迷，而且从来不知疲倦。他并不满足取得的初步成功，又进一步做了一个实验。

法拉第把那根粗钢丝固定在盛满水银的玻璃缸中，然后让磁棒直立地漂浮在水银中，使其中一头露出液面。当他接通电源时，磁棒就绕着通电的铜丝转动起来。

就这样，法拉第制成了科学史上第一个电动机。当时他并没有想到这个粗糙、原始的玩意儿，有一天会代替蒸汽机。

然而法拉第十分清楚，自己获得了又一有力证据，证明通电导体在自身周围形成一个磁场。他想象电和磁就像铜币的图案和字样，是同一事物的两面。既然电流可以产生磁，那么磁就一定能够产生电流。

法拉第在日记里写下了一个闪光的设想："把磁转变成电！"

为了表示祝贺，当天晚上，法拉第带着莎拉和乔治，一起去大剧场看马戏。莎拉和弟弟不断为小丑的滑稽表演喝彩，法拉第却还沉浸在成功的实验里。

艾斯利马戏场里，鼓点敲得又密又紧，号角吹得又响亮又花哨，

那一匹匹装扮得花花绿绿的小马,一溜小跑进场了。法拉第跟着大家一起鼓掌。

小马跑着圈儿,越跑越快,观众的掌声越来越热烈,法拉第的思想却回到了实验室。

法拉第在想,明天该做些什么实验呢?应该在实验日记上补一个仪器草图,应该再做一个实验,让磁铁绕着通电导线转,既然导线能够绕着磁铁旋转,那么磁铁当然也应该能够绕着导线旋转。

法拉第隐约地预感到,这是一个不同寻常的结果。奥斯特也好,尊敬的安培也好,都只发现了磁力的存在,而自己今天却证明了这种磁力能使通电导线不停地转动。

也许这是又一次突破,沃拉斯顿和戴维都没有成功,而自己这样一个无名小卒却成功了。戴维和沃拉斯顿知道后,会怎么想呢?法拉第把自己的实验结果写了一篇报告。

法拉第原本不计划立刻发表论文的,他需要先将实验结果向沃拉斯顿和戴维报告,先得到两位前辈的认可。

于是,法拉第写了一篇报告,报道自己的实验结果。他想在报告里提一下沃拉斯顿的工作,还想说明一下沃拉斯顿的电磁转动实验和他自己的电磁转动实验有什么区别。

法拉第带着报告手稿跑去找沃拉斯顿博士。不巧,博士出去旅行了,戴维爵士也不在伦敦,他们都不在。

不征得他们本人的同意,贸然引用他们失败了的实验,这样做是不是有些不妥当?法拉第对沃拉斯顿十分敬重,经过慎重考虑,他决计还是不提沃拉斯顿的失败的实验为佳。

此时,《科学季刊》的编辑正好向法拉第征稿,他有些犹豫。然而朋友们都鼓励他发表自己的实验报告。加上《科学季刊》是三个月才发一次稿,机会难得,法拉第最终将报告寄给了编辑部。

取得成果

任何人要捞到一样好东西,都没有十足的把握。或许你花费了那么多劳动,想捞到金子,但捞到的却永远是沙子。

—— 法拉第

遭遇抄袭风波

法拉第和莎拉结婚已经三个月了,结婚的时候,法拉第正忙着写那篇《电磁研究的历史概况》。他在市哲学会里结识的朋友,《哲学年刊》的编辑菲利浦正等着他的稿子。

尽管这样,法拉第还是想把稿子放一放,和莎拉一起去度蜜月。爱情是美好的,青春是美好的。

很快,法拉第陪着新婚三个月的妻子莎拉乘车南下,到布赖顿海滩度蜜月去了。法拉第和莎拉肩并肩坐在车上,驿车一颠簸两个年轻人的头就撞在一起了。

两张健康的脸上都露出幸福的微笑,他们又谈起了阳光灿烂的布赖顿,以及回伦敦以后要做的事情。

在旅行途中,法拉第过了自己的30岁生日。一个青年学者正好应了"三十而立"的古训,他希望自己的新发现,能得到科学界的承认和重视。

这一对情侣度完蜜月回到伦敦的时候,已是10月。新出版的这一期《科学季刊》上,登载了法拉第的论文。

使法拉第感到意外的是当他回到皇家学院,等待着他的不是掌声、赞扬,而是冷言冷语。

科学界的人都在说:法拉第"剽窃沃拉斯顿的研究成果",写了一篇论文,登在《科学季刊》。唉,真没有想到,这样有前途的青年,竟不顾脸面,自甘堕落!

两位大科学家正在研究的课题,一个实验室助理竟然擅自闯入,捷足先登,甚至不打一声招呼,就公布了自己的结果,学术界很难容忍这种"犯禁"的事。

法拉第开始并没有想到问题会如此严重，以为只是一场误会。他诚恳地向人解释说：沃拉斯顿博士的实验和自己的实验完全是两码事。博士是想让通电导线绕着自己的轴转，这没法办到；而自己是叫通电导线绕着磁铁转，这成功了。两种实验的方法也不相同。

然而，无论他如何解释都于事无补。别人不论你的实验是如何转动，反正是转动。

这是沃拉斯顿最先提出的思想，你法拉第不过只是变个法子做了个实验，便贪别人之功为己功，拿去发表，当作自己的成果，这难道不是剽窃吗？

沃拉斯顿是大名鼎鼎的科学家，而法拉第，这时还是一个区区小实验员，也不跟人家打招呼，就擅自闯进人家研究多年的领域，这种行为不像窃贼又像什么！

这些蛮不讲理的指责使法拉第十分痛苦。这是有生以来第一次，他的荣誉、他的人格受到了怀疑和玷污。

人言可畏，法拉第只好向别人求助，他痛苦地写信给一位在学术界有很高地位的合作者求助，希望对方能给以帮助解释。然而，那位合作者不愿介入这场纠纷。

迫于无奈，法拉第只好直接给沃拉斯顿博士写信。此时，沃拉斯顿已旅游归来。

法拉第表示，如果自己无意中做了有损沃拉斯顿博士的事，自己甘愿向其道歉并作解释。他希望沃拉斯顿能够主持公道，帮他解脱那些怀疑。

法拉第还在信中请求和博士会面，陈述事情原委，哪怕只有几分钟时间也好。这是一个受到误解和伤害的青年学者，向科学权威发出的求救信号。

沃拉斯顿曾经多年担任皇家学会秘书，性格非常直爽，态度和蔼可亲，而且富于幽默感。

据说当年沃拉斯顿发现新元素钯时，并不急于公布结果，却跑到伦敦一家首饰店里，贴出告示说是出售新金属样品。

一位法国化学家把样品买去，经过一番化验分析，宣称那不是什么新金属，只是一种铂汞合金而已。

等法国同行闹出笑话，沃拉斯顿才正式宣布自己的发现。这位科学前辈很有大家风度，对名利看得较淡，去年谢绝皇家学会会长提名便是明显一例。

如今，学院内外闹得沸沸扬扬，说法拉第剽窃了他的科研成果。对于这种传言，沃拉斯顿并没有怎么放在心上。

法拉第贸然闯入自己多年研究的领域，并且不打招呼抢先发表论文，固然有些失当，但谁也无法垄断真理。

读完法拉第的来信，沃拉斯顿回了一封短信，其中这样写道："人家对你的行为有什么品评，这事情和你有关，但是和我无关。"

"假如你有充分的理由，能够说明你没有不正当地使用人家的建议，那么在我看来，为了这件事情伤脑筋，实在大可不必。"

"不过，如果你愿意和我谈谈，那么明天早晨有便的话，请在10时至10时30分之间来找我，我将恭候。"

第二天早晨，法拉第准时前往沃拉斯顿寓所。听完法拉第的恳切陈述，博士宽容地笑起来了。法拉第的诚实、真挚和对科学的那种执着追求，给沃拉斯顿留下了深刻的印象。

"我接受你的解释，年轻人！"沃拉斯顿向法拉第伸出了温暖的巨手，说道，"至于别人爱怎么说，就让他们去说吧！"

法拉第握着博士的大手，感动异常。

"先生，您愿意赏光观看一下我的实验吗？"

"哦，你的实验？我非常乐意。"沃拉斯顿欣然受邀。

他们一同来到学院的实验室。沃拉斯顿亲眼观看了法拉第的实

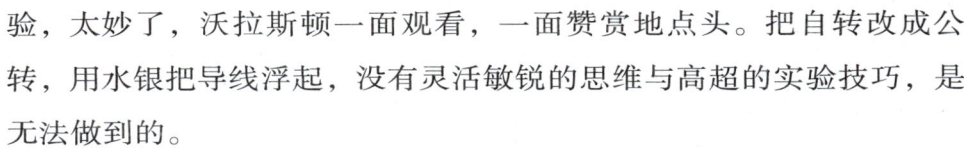

验,太妙了,沃拉斯顿一面观看,一面赞赏地点头。把自转改成公转,用水银把导线浮起,没有灵活敏锐的思维与高超的实验技巧,是无法做到的。

沃拉斯顿心想年轻人的实验天才,实已在他的老师戴维之上。沃拉斯顿面带微笑,第二次向法拉第伸出巨手祝贺他的成功。剽窃公案,就此了结。

使法拉第遗憾的是,在这桩公案里,法拉第的导师戴维自始至终保持沉默。一开始法拉第期望自己的导师能站出来说几句公道话,以其皇家学会会长和导师的双重身份,出面调解这场纠纷是最恰当不过的了,但是法拉第失望了。

使他感到困惑和痛苦的是,戴维对此事讳莫如深。他既没有表明法拉第的成果是他自己独立完成的,也没有采取任何方式让皇家学会会员了解,法拉第并没有剽窃别人的研究成果。要做到这一点,对戴维来说是轻而易举的事。

法拉第心目中的偶像出现了阴影。他感觉到师生之间第一次产生了隔膜。他是多么地爱戴、敬仰戴维啊!可是当他不慎溺水时,自己最敬爱的导师却转过身去,这究竟是为何呢?

戴维和沃拉斯顿是两种不同类型的学者。同是大师,沃拉斯顿恬淡、豁达、有长者之风;戴维却是少年得志,名扬四海,背负着沉重的荣誉,对胜负输赢十分看重。

即使是天才,要承认学生超越自己,对许多人来说这是一件较难办的事。在自己失败的领域里,自己的学生、助手却取得了成功,这个事实戴维更难接受。这是痛苦的事实,也是导师的悲哀。

一场关于成果的风波终于平息了。然而这桩公案在法拉第心中投下的阴影却并没抹去。

实验创新成果

年轻的科学家法拉第心灵上留下一个创伤，他只好避开雷池，暂时中断电磁实验，回头去进行化学研究。

法拉第关于电磁转动的实验成果，除了引起一场风波，给自己带来一场麻烦外，没有给法拉第带来什么好处。

法拉第仍旧是实验室助理，整天忙于准备仪器，给戴维做助手。他干得十分尽力尽职。此时，戴维的创造力已开始衰退，渐渐失去昔日科坛闯将的风采。

这位科坛巨星44岁登上皇家学会会长的宝座，他的一生已到达顶峰，从此以后，在学术上他再也没有什么重大发现。

望着戴维苍白的面容和早生的华发，一丝复杂的感觉在法拉第的心中掠过。不管戴维怎样待他，他永远对导师十分地尊敬和感激。

只要一有时间，法拉第就选择自己喜欢的课题进行研究。当然，这些课题都是化学领域的。

法拉第做了许多实验，改良钢的品质，在钢里掺进不同比例的铂、银、镍等贵金属，研制优质的合金钢。后来，法拉第还参加了精密仪器所需要的光学玻璃的研制。这两项工作都是属于应用工程方面的，花费了法拉第不少时间和心血。但他乐此不疲。

这个时期，皇家学院财政出现困难，不得不将工作重心移到工业应用研究上。法拉第必须为此效劳。遗憾的是，这些项目最终并没有给皇家学院带来什么收益。

每一个科学家有其所长，也有其所短。一位英国传记作家评价说：法拉第的天才，在应用科学方面，确实没有充分发展。他的特长要到了知识的未知领域，也即光明和黑暗交界的地带，才能充分表现出来！

换句话说，法拉第是一位实验科学家，而不是技术发明家。他善于发现，而不是发明。

法拉第自己在接受任务时，也曾在笔记中写道："自己既然不是一个制造家，要完成这些制造，实在不敢打包票。"

由于职务上的压力，法拉第在取得初步成功之后，不能继续把电磁研究进行下去，这实在是无奈而又十分遗憾的事。那片神奇的处女地正是光明和黑暗交界的地带啊！

法拉第气恼的时候也曾经暗暗地下决心不再研究电磁问题。人家说他闯进前辈科学家的研究园是侵犯他人的权益，那他就退出好了。

自然之大，科学园地里可以研究的问题多着呢！不过法拉第总忍不住要回过头来，因为电磁学那片园地实在太美了。

就在1821年圣诞节，法拉第又做成了一个电磁转动的实验。这次他是让通电导线在地球产生的磁场里转动。

一根导线，通上电流就转了起来，把电池的正负极掉换一下，导线又反转，不像9月3日的实验有一根磁棒，现在导线的四周是空荡荡的。这个实验太奇妙了！

"莎拉，你快来看啊！"法拉第又一次围着实验台手舞足蹈起来。

"迈克尔，你真像个大孩子！"温存的妻子笑着摇头。

圣诞节过后，沃拉斯顿到皇家学院实验室来看法拉第做实验。博士一面看，一面满意地点头。

法拉第这小伙子，一眼看出通电导线不能自转，马上改做公转实验，他的眼光太锐利，头脑太敏捷了。

他用水银把通电导线浮起来，这办法太巧妙了。现在他又用地球的磁场代替磁棒，这个想法太大胆了。

这年轻人有丰富的想象力，又有脚踏实地埋头苦干的精神，他哪里是那种使手腕剽窃他人研究成果的宵小之辈！老博士拍拍法拉第的肩膀，表示向他祝贺。

不久，法拉第告别磁研究，转向另外的领域。很快他在液化氯气领域又作出了重大发现。

氯是一种淡绿色气体，刺鼻，微溶于水，有漂白之功能。证明氯是一种化学元素，这是戴维的功劳。

1810年11月10日，戴维在英国皇家学会发表这一研究成果，曾经引起了极大轰动。

不过历来的学者都认为，包括氯气在内的许多气体，都不能凝结成液体，他们把这些气体称为"永久气体"。

法拉第并不赞成这一理论，他相信英国化学家道尔顿的原子论，认为任何气体，只要降低温度、增大压力，就能使它原子之间的距离缩小，变成液体。这里，最重要的是在何种条件下才能转换。

法拉第接受了道尔顿的原子论。对于法拉第来说，接受一个理论就意味着用实验来验证它。

法拉第在一个装着水银的玻璃瓶里吊了一片金箔，使金箔悬在空中，不和水银接触。

为了看得更清楚，法拉第把这瓶水银放在一个暗房里，过一段时间以后发现，原来黄澄澄的金箔，颜色变淡了。金箔上出现了一层极薄的银色的薄膜，这层薄膜就是水银。

瓶里的水银怎么会跑到金箔上去的呢？只有一个可能：水银像水一样蒸发，变成了水银蒸气，然后凝聚在金箔上。既然金属能变成气体，为什么气体不能变成液体和固体呢？

趁着天气还冷，法拉第拿他心爱的氯气来做实验，实验得到了戴维的同意和支持。

法拉第把氯的水溶液结晶体，放在一个弯曲的大试管里，用火焰把试管口烧熔封口。

然后，对盛着氯水晶体的下端加热，试管的另一端浸在冰水里。

过了一会儿，试管里有缕缕黄绿色气体升起。这表明，氯水受热分解，氯气分离了出来。

在这个时候，正好一位帕里斯教授在实验室里，观看了法拉第的实验。帕里斯是戴维的朋友，对法拉第一向友好。

倚在实验桌旁看了一会儿，帕里斯教授突然说道："法拉第先生，你看，你的试管不干净！"

法拉第愣了一下。在皇家学院，法拉第一向以整洁和有秩序而享有美誉。他所准备和演示的无数次实验，从未出过什么差错。怎么会试管不干净呢？

法拉第定睛细看试管，果然，管壁上端有几个黄色油斑，赫然在目！这完全不可能！自己做了多年实验室助理，可以说精通此道，已达炉火纯青，绝不会用一个未清洁过的不干净试管进行实验。

看到法拉第的窘态，帕里斯教授讪笑道："早晨打瞌睡了吧！另换一支吧！"

"慢着。"法拉第思索了一下取出一把小钢锉在试管有油斑的位置轻锉了几下，"噗"的一声，他把试管掰断，一股刺鼻的气味扑面而来。

使他奇怪的是，此时，刚才的油斑不见了，试管壁内干干净净。

"总不会刚才我眼花了吧？"教授也觉得奇怪。法拉第若有所思，沉默不语。

第二天，帕里斯教授收到法拉第的一张便条，上面写着：

亲爱的教授：

　　昨天你注意到的"油迹"原来就是液态的氯。

您忠实的仆人　迈克尔·法拉第
1823 年 3 月 6 日

原来氯气从受热的固化物氯水晶体里分离出来,在管内受到很大压力,自己便液化凝结了。

戴维听说这一消息也十分的兴奋,他向助手解释说,高压和低温,是氯气液化的两个条件。法拉第的实验创造了这两个条件,因而取得了成功。

接着,戴维和法拉第一道,又成功地把氯化氢气体液化成无色透明的液体。液化的气体恢复成气体时,会从周围吸收大量热量。后来人们正是根据这一原理发明了冰箱等制冷设备。

这一年3月13日,法拉第在皇家学会宣读了自己的实验报告《论液态氯》,主持这次论文宣读的是皇家学会会长戴维爵士。

31岁的法拉第,经过自己的奋发努力,终于登上了英国皇家学会讲坛。

在氯气液化实验完成以后,法拉第又开始进行了其他许多气体的液化实验。

做气体液化实验,要冒很大的危险,稍有不慎,即会有危险。然而法拉第从不畏惧。一次液化一种临界温度很低的气体时,试管突然爆炸,有13块玻璃飞进法拉第的眼睛。

幸运的是,法拉第的眼睛没有被炸瞎。视力恢复后,他又投入了新的实验。他先后成功地液化了二氧化硫、硫化氢、二氧化碳、氨气、氧化亚氮等气体。

入选皇家学会会员

由于法拉第在氯气液化等方面的研究成绩，皇家学会的朋友们提名他为皇家学会会员候选人。

对一个年轻学者来说，这是一个极高的荣誉。它标志着英国科学界对法拉第的成绩的承认和表彰。一个进入皇家学院刚满10年的助理实验员，能获得如此殊荣是十分不容易的。

意味深长的是，联名推荐法拉第的29位皇家学会会员中，第一个是沃拉斯顿，而没有戴维。或许这只是一个小小的疏忽。也许是签名者有意把戴维丢到一边。

戴维得知这个消息，禁不住大发雷霆。提名他的学生、助手法拉第为皇家学会会员，他这个皇家学会的会长竟然被蒙在鼓里！

29名会员签名，没有一个人向他征求意见，也没有谁事先透露过一点儿信息，戴维觉得受了欺骗，遭到轻慢。

戴维是法拉第的恩师、伯乐，这是众所周知的事实。经他一手提携，法拉第从一个普通的订书学徒，成长为一名有为的青年科学家。

法拉第10年来取得的成就，戴维一直引以为傲。因为是他发现了法拉第，并且造就了他。然而现在，提名法拉第为皇家学会会员，这样重大的事却把他戴维爵士撇在一边，这成何体统！

戴维把皇家学会秘书叫来，满脸怒气地问道："提名法拉第先生为皇家学会会员，是谁的主意？"

"是大伙儿的主意。"秘书迟疑了一下说。

实际上这件事是由沃拉斯顿发起的。这位科坛巨星，对法拉第十分赏识，同时又为其目前的处境感到不平。

"大伙儿的主意，为什么事先不告诉我！"戴维表示怀疑，因为发怒而提高了嗓门。

秘书十分清楚戴维的脾性，他发现会长的恼怒不只是冲着提名者而来的，也许还有戴维和法拉第师生间的恩怨为背景。

"也许是大伙认为您是法拉第先生的导师，肯定会同意提名的。"他想大事化小。

戴维鼻腔内"哼"了一声说："我自己的学生我最了解！法拉第自然够格进入皇家学会，不过不是现在，他还不够成熟、稳重，还需要磨炼一段时间，而且，应该由我提名！"

戴维的尊严、权威、面子，全在这话里表达出来。他对法拉第的勤奋和才干是十分了解的，他只是认为现在就让法拉第进皇家学会早了点儿，还应该再磨炼一下，而且最终应该由他，皇家学会会长来提名。

在戴维爵士眼中，法拉第永远是那个捧着笔记本来求见的装订工，永远是一名助手。但他自己忘记了，他自己是24岁被选为皇家学会会员的。

戴维爵士决定阻止29名会员的行动。他先找到法拉第，要求他先取消自己的名字。"迈克尔·法拉第，我希望你这次撤回皇家学会会员的提名，下一次再进行考虑。"戴维说。

对法拉第来说，这个要求是不公而武断的。他双唇紧闭，沉默不语，胸中却在进行着激烈的思想斗争。

从10年前跟随戴维旅欧当差起，到剽窃公案，他忍受了一次又一次的屈辱，这一次他的忍耐达到了极限。

法拉第感到自己的人格受到侮辱，太阳穴里的血管在擂鼓似的跳动。但他终于在最后关键时候克制住了自己的感情。

"请原谅，会长先生！我不能按照您的要求去办，因为我并没有提名自己当皇家学会会员。"法拉第冷冷地回答。

"那么，请你转告那些提名推荐你进皇家学会的人，让他们收回自己的推荐！"戴维爵士怒冲冲地嚷道。

法拉第沉默着，这是无声的反抗。空气像铅一样沉重。戴维脸色变得铁青，这个时候师生情谊经受着最严峻的考验。

戴维没有料到法拉第如此倔犟，他压低声音，一字一句地说：

"那好，请你记住，我作为皇家学会会长，可以亲自来撤销你的候选人资格！"

说罢，戴维转身走出去，房门在他身后"砰"的一声关上。法拉第难过地垂下眼帘。

因戴维的阻挠，法拉第当选学会会员的事情拖延了半年时间。

1824年1月8日，皇家学会正式投票表决，法拉第当选皇家学会会员，表决时只有一票反对。皇家学会选举采取的是无记名投票。但大家心中明白，是何人投的反对票。

第一个发现法拉第的人，这次却成了唯一的保守者，的确是一件憾事。好在法拉第一直对自己的恩师怀有感激之情，心胸又开阔，事后戴维也有歉意，因此两人的师生之情并未因此而断绝。

不惧困难屡败屡战

当法拉第成为皇家学会会员之后，便有更多的自由去选择自己的研究领域，1824年12月，他又重新开始了电磁实验。

电磁之谜，犹如一个初恋的恋人使法拉第难以忘怀。三年前，那个成功的电磁转动实验，给他带来过喜悦和困扰。

法拉第念念不忘三年前在日记里写的那个闪光设想：

把磁转变为电！世界是一个和谐的统一体。

他相信电和磁就如铜币上的图案和字一样，是一个事物的两面，既然电流可以产生磁，那为什么磁不能产生电呢？

为了实现这一伟大的目标，法拉第决定再次投入电磁研究。此时，从法国传来安培一项实验遇到困难的消息，安培有很高的电学造诣和丰富的数学才能，他继奥斯特之后发现了磁和电相互联系。

在进一步的研究中，安培从静电感应中得到启发，作了一个有趣的推论，既然电荷能够感应出静止电荷，那么运动电荷也一定能感应出运动电荷。

虽说这一假设从逻辑上说十分合理，然而他却忽略了磁的作用，实验没有结果。他山之石，可以攻玉。法拉第从安培的失败中得到某种启发。

10年前，法拉第在法国亲眼目睹过安培精密的实验，对安培的聪明智慧一直怀有敬意。

法拉第相信这位当年友好待他的法国电学大师的思想中，蕴藏着有价值的东西，只是还没有被发掘出来。于是他决心继续做这个实验。

法拉第采用许多长短不同的导线分别进行实验。他先把导线绕成一个环，使导线的两端连着电流计，如此便形成一个闭合回路。

然后，用一块磁性很强的磁铁移近回路。电流计是由一根悬挂在线圈中的小磁针制成，如果有电流经过线圈，磁针便会摆动。

法拉第每做一次实验，都把头扭过去看电流计的指针是否动了。按他的设想，既然通电导线能够产生磁场，磁铁的磁场也应该在导线中产生电流。

然而，法拉第反复实验了很多次，电流计却没有一点反应。怪不得安培的实验会搁浅，法拉第遇到了同样的难题。他反复思索，也没有找到症结所在。

电磁之谜，像云雾缭绕的高山神女，无论是伟岸的安培，还是痴情的法拉第，千唤万呼她也不肯露出真容！迫于无奈，法拉第只好再次把电磁实验搁下，转入其他领域的研究。

当时英国的燃料和照明已经开始煤气化。19世纪20年代所谓的煤气，是用鲸鱼或者鳕鱼脂肪制成的。

煤气压缩到30个大气压，装在铁筒里，送到各家用户。压缩煤气公司发现，在煤气压缩装筒的过程中，筒底上总有一些黏稠的液体凝聚起来。

1825年4月，公司把这种液体的样品送到皇家学院实验室，请法拉第分析。

法拉第采用分馏的办法，把这种液体渐渐加热煮沸，在不同的温度得到了不同成分的挥发物。

显然，这种黏稠的液体是一种很复杂的混合物。当它加热到摄氏80度的时候，挥发出来的气体似乎比较单一。

从这种气体凝聚而成的液体中，法拉第提炼出一种没有颜色的透明液体，它在摄氏五六度凝结成美丽的白色晶体，在摄氏 80 度的时候沸腾。

这是一种新的物质。法拉第运用巧妙的实验技术，测定了这种物质的化学组成和化学、物理性质。他给它起了个名字，叫"重碳化氢"。

"重碳化氢"在当时并没有引起多少重视。九年以后，德国化学家米彻利希研究了"重碳化氢"的种种衍生物，并且建议把它叫作"苯"，这才引起了世界各国有机化学家的重视。

1856 年，18 岁的英国青年化学家柏琴发现苯胺染料，开始了苯在染料、香料、医药等各个工业部门中的广泛应用。

法拉第的不少发现和发明都是在许多年以后才得到应用的。就在他发现苯的那一年，法拉第参加皇家学会的一个委员会，开始从事光学玻璃的研究，这项工作持续了好多年。

1829 年，法拉第还在皇家学会的贝克讲座上以《论光学玻璃的制造》为题做过讲演。这是他的荣誉，因为只有最出色的研究成果才能在贝克讲座上宣读。

然而，法拉第研制出来的光学玻璃，真正的应用却是在 1845 年他发现磁致旋光效应的时候。

对于合金钢的研究也是这样，法拉第花费了许多年工夫，一直收效不大。

然而在 1931 年庆祝法拉第发现电磁感应 100 周年的时候，一位著名的冶金学家在皇家学院实验室里察看法拉第试制的各种合金钢样品，他惊讶地发现，有一种合金钢，在那间潮湿的地下实验室里放了 100 多年，居然还没怎么生锈。

经过分析证明，这种合金钢里含有大量的铬，原来是一种不锈钢！一个重要的新发现就这样在地下实验室里沉睡了一个多世纪。

不计名利专心科研

法拉第在皇家学院实验室里埋头苦干，研究成果一项接着一项，这些戴维都看在眼里。他知道自己错了，自己不该阻挠法拉第进入皇家学会。

1825年2月，33岁的法拉第被任命为皇家学院实验室主任，但是薪水没有增加。这次是由戴维爵士提的名。这位英国科坛泰斗、法拉第的恩师，终于承认了学生的杰出才能和学术地位。

戴维推荐法拉第接替自己以前曾经担任过的职务，既有"交棒"的意思，又是对曾经错误反对法拉第入皇家学会的一种致歉。

戴维感到应该向法拉第提供一切可以使他发挥专长的机会，以使他的才能得到充分发展，而皇家学院实验室主任一职应该是最合适不过的了。

法拉第升任实验室主任以后，他在研究中享有更大的自由。电磁实验一直是他所钟情的事业，此时，他便又回头重新开始做电磁实验，这是他第三次向电磁领域发起冲刺了。

法拉第确信，一定可以找到一种方法，使放在一根通电导线旁边的另一根闭合导线产生电流。

这将意味着，通电导线周围形成的磁场，使另一根闭合导线中出现电流，这正是他念念不忘的梦想，由磁转变为电。

一开始，法拉第将导线B放在导线A旁边，两根导线之间只有一线之隔。他将导线B之两端连着电流计，导线A之两端与伏打电堆的两极相连。

可是当法拉第观察电流计时，指针却毫无反应。他一连试了几次，结果仍是如此。也许是自己走入了怪圈，怎么老是重复着失败呢？

法拉第想，如果把导线 A 和 B 都弯成线圈，让它们尽可能靠近，会怎么样呢？两根导线整个表面都贴得很近，也许作用会表现出来。

法拉第兴奋地按照自己的设想去进行了准备。一切就绪，他怀着激动的心情开始实验。

法拉第希望在初级线圈接通电流以后，次级线圈能够感应出电流来，这也正是安培的理想。

可是，事与愿违，法拉第接通初级线圈的电源以后，注意看电流器，指针仍丝毫没有动静。

原因何在？法拉第又把电源从一个增加到两个，又增加到四个，最后又增加到十个，结果仍是一样。

时间如流水一般，一个月一个月地过去了，法拉第在实验室里度过了不知多少个不眠之夜。他把实验重复了多次，每次都在希望中开始，却以失望而告终。

法拉第明显消瘦了，疲惫不堪，两眼中布满了血丝。难道自己走进了死胡同？法拉第陷入沉思之中，妻子、朋友劝他当机立断，放弃这难以成功的实验算了。

然而，法拉第是一个坚忍不拔的探索者，他一旦确定了方向，决不轻易承认失败。

法拉第对妻子说：

如果实验不成功，这只能表明我不善于处置它；就是实验不可能成功，那也应当找出原因来。

法拉第对自己的理想充满了信心，在崎岖的道路上坚持不懈地进行着探索。转眼之间几个春秋过去了。

正当法拉第在电磁研究上处于低谷之时，皇家学院由于财政困难，把研究重心转向营利的应用科学。

法拉第不得不把大部分精力投入到工业应用的研究上去，他的电磁实验时常被迫中断。

法拉第担任学院的实验室主任以后，更加尽心地为皇家学院辛勤工作。他邀请皇家学会会员来学院，讨论交流世界各国科学家的新成就。这些学术活动，使越来越多的人倍感兴趣，戴维的传统又重新回到学院。

从1826年起，每周星期五晚上，在皇家学院的剧场为公众定期举行科学讲座。这些高水准的讲座使全世界刮目相看。

沉寂了多年的皇家学院大门，又恢复了昔日的盛况。很多人买入场券来听讲座，还有的豪门巨富慷慨解囊，捐款赞助。皇家学院逐渐从困境之中摆脱出来。

1826年，为了让法拉第有更充裕的时间进行研究工作，皇家学院免去了他的讲演助理之职。如此，法拉第便结束了皇家学院14年的配角生涯。

皇家学院薪水菲薄，法拉第倒一点儿也不在乎。1827年，新成立的伦敦大学邀请他去任化学教授，他谢绝了。他的科学事业是在皇家学院开始的，他已经和它有了深厚的感情。

那间偌大的地下实验室，那张粗笨的大实验桌，他在它旁边度过了多少紧张而又欢乐的日子。有多少回，他高兴得跳起来，把那光秃秃的长条粗木地板蹬得"咯咯"响。

还有那间铺着提花地毯的图书阅览室，三面墙壁全都是书架，书架碰到天花板，摆满了图书。

爬上梯子，抽下两本，走到高大的窗口旁边，站在阳光下打开书来浏览，有多么愉快。法拉第爱上了皇家学院，他决不抛弃它。

然而，法拉第也有不满意的地方。这十几年来，他一直忙忙碌碌，搞那些带有商业性的技术工作。

合金钢和光学玻璃那做不完的化学分析，他像机器一样地操作、记录、报告，弄得他身心疲惫。

虽说这些工作都有额外报酬，可是金钱又有什么用呢？他当初离开书籍装订业，并不是为了进入一个赚钱更多的新行业。他是为了献身科学，追求真理。

除了主持实验室工作，法拉第还为工业界、食品行业的部门做一些技术上的咨询。

作为化学家，法拉第的名气越来越大。有的企业送来新产品，请他做技术分析。

法拉第还以专家的身份，应邀去法庭，为涉及伪劣食品或假药的案子做鉴定。法拉第把参加这些活动所得到的报酬大部分上缴给皇家学院了。

法拉第的婚姻十分美满，妻子莎拉聪明、贤惠、善解人意，对丈夫的事业十分理解。

唯一遗憾的是法拉第夫妻膝下无子，他们便抚养了侄女小玛格丽特。在过度的劳累之后，法拉第常常陪着莎拉散步休息。

法拉第夫妇还喜欢带着小玛格丽特去逛动物园。每当此时，法拉第孩子般的快乐天性便会表现无遗。

1826年的圣诞节，法拉第特地在皇家学院为孩子们举办了一个科学讲座，受到小孩子和家长们的热烈欢迎。

这个少年科学讲座后来一直延续下去，给皇家学院带来巨大的声誉，法拉第没有忘记，当年就是戴维的科学讲座，点燃了自己胸中的火焰。

此时的戴维因长年过度紧张的研究工作，加上学会的日常事务而病魔缠身。这位英国科坛骄子，终于倒下了。

1827年，戴维辞去了皇家学会会长职务，赴欧洲大陆养病，娇媚的夫人没有陪伴着他，她留在了英国。

戴维在欧洲大陆访遍所有名医，由于长年劳累，积重难返。阳光灿烂的意大利、山清水秀的瑞士治不了戴维的病。

经过两年多的辗转漂泊和病痛折磨，1829 年 5 月 29 日，戴维在瑞士日内瓦与世长辞，享年 50 岁。

临死前戴维对身边的亲人说道：

我一生中最大的发现是法拉第！

戴维去世的消息传来，使法拉第悲痛异常，为自己恩师的英年早逝而深感遗憾。

在戴维去世前半年，沃拉斯顿也去世了。两位电磁学权威相继过世，似乎为法拉第重新进入电磁学领域扫清了障碍，因为再也不会有人攻击他侵入别人的地盘，他也不必再避嫌了。

戴维这位英国科坛的巨星虽然过早地离开了人世，但是他未竟的事业却由法拉第继承下来，并将其发扬光大。

此时即 1829 年，38 岁的法拉第已经是一位著名的化学家，总计发表了 60 余篇学术论文，其中大多为化学领域的。

1829 年，法拉第为集中全部精力进行自己所日思夜想的电磁研究，他正式向皇家学院提出申请，请求辞去行政职务。

八年来，法拉第始终没有放弃"把磁转变成电"的理想。同事们知道他在失败中仍旧坚持自己的信念，都很钦佩。

不久，皇家学院批准了法拉第的请求。事实表明，这一决定十分明智，它成了法拉第科学事业的重要转折点。

作为一位闻名科坛的化学家，法拉第刚刚解脱皇家学院的重担，却又成为实业界争夺的目标。

不少公司和企业，争先恐后地用重金聘请法拉第，都想网罗这位化学界的新星去做他们的技术顾问。

1830 年，在朋友们的劝说下，法拉第接受了一些业务，得到 1000 镑酬金。

这笔相当可观的收入几乎相当于法拉第10年的薪水，对于改善生活自然有很大帮助，妻子莎拉再也不用为衣食和其他开销发愁了。

据法拉第的学生和密友丁多尔估计，如果照此干下去，他每年的收入可以增加到5000镑以上。

但是这些被法拉第称之为"生意上的事务"，要耗去他很多精力和时间，影响他的研究工作。

法拉第感到为难起来，如同在青年时代一样，他再次面临生活道路的选择：一条路是盈利致富，另一条路是没有嫁妆的科学，何去何从，任他选择。

如果只为个人利益计算，利用他那非凡的化学才能，可能获得丰厚的额外报酬。可是放弃了一生追求的理想，金钱又有什么用呢？

法拉第当初宁愿离开收入稳定丰厚的订书业，当一个每周只有25先令报酬的小实验员，为的是什么呢？用他自己的话，是为了从事"科学的探索"。

法拉第很快作出了选择。他谢绝了来自四面八方的聘请，全力投入自己的研究工作。

这样做尽管生活要清贫些，但温存的妻子却毫无怨言。法拉第很受感动，还有什么比能够理解自己的事业更宝贵的呢！

十年磨剑终成功

对于电磁转化的实验,法拉第一直在做,可是失败一个接一个,挫折与失望不断袭击着他。每次实验前希望获得成功的愿望,都在无情的实验结果面前破灭了。

法拉第承受着失败带来的苦痛,继续坚持实验,每次都进行仔细观察,不断总结失败的教训及其原因。

1831 年,法拉第 41 岁了。他觉得自己的工作应该有一个转折。是到了转折的年龄,就该抓紧时间,做一些真正伟大的哲学探索。

法拉第的脑海里有许多新的思想在萌生、在汹涌。比起这些伟大的新思想,他过去 20 年的工作又算得了什么呢?

可惜,过去他的许多时间都被那些烦琐的商业性的技术工作吞噬了,他决定结束这类工作。7 月 4 日,他写信给皇家学会秘书,提出了这一要求。

为了实现自己的梦想,法拉第开始夜以继日地在实验室紧张地工作,他的电学实验进入了最关键的阶段。

法拉第用软铁做了一个圆环,厚度不到 0.025 米,外径 0.152 米。他在铁环的半边即 A 段用了根长约 7.243 米的铜线绕成 3 个线圈,每个线圈都有好几层,每层之间用绝缘的麻布隔开。

如此,三个线圈可以连成一个大线圈,同时也可以相互分开当作三个小线圈用。

然后,法拉第将铁环的另外半边即 B 段用两根铜线绕成两个线圈,总长 18.108 米。在 A 段线圈和 B 段线圈之间,留了一定空隙,这样便互不接触。

法拉第把 10 组电池连在一起作为电源。然后，把 B 段的两个线圈连成一个线圈，再用一根铜线把这两个线圈的两端连接起来，铜线下面摆着一个磁针，实际上是一个电流计。

铜线中若有电流流过，磁针就会偏转。接着，他把 A 段一个线圈的两端和电池组连接。

一切准备妥当，法拉第便集中注意力开始操作。他小心谨慎地合上 A 段的电闸，强大的电流通过线圈，一会儿导线就发热了。法拉第掉转头注视着 B 段铜线下面的电流计。磁针一动不动，毫无反应。

随后，法拉第换了一个 A 段的线圈，重复刚才的实验。结果仍是如此。后来，他把 A 段的三个相互绝缘的线圈，并联成一个线圈进行实验，如此作用可能会显著一些。

法拉第惴惴不安地合上电闸，掉过头注视着电流计，指针仿佛固定着一般，仍纹丝不动。

一种失望的情绪涌上心头，一个有信念的科学家是不怕失败的。然而事情却如此的无情。呕心沥血 10 年，竟然毫无结果。

这是什么原因呢？法拉第望着笨重的实验台上散布的线圈，电池组，检测电流的磁针，就如一个作家看着自己不能出版的作品一般，又心疼又惋惜。

在失望之余，法拉第仍抱着一丝信念慎重地进行了最后一次的考虑。他仔细地复查了全部实验记录，对设计思路和实验方法也都作了反省，并且逐件检查了实验器具，连最细微的地方都不放过。

在检查电流计位置时，法拉第无意中注意到，他每次实验都是先接通电源，再转过头来观测电流计。

问题会不会就出在这里呢？想到这儿他立即把实验台重新布置好，决定进行一次彻底的检验。这次法拉第特地把线圈铁环和电流计摆在电池开关旁边，以便操作的时候能一直看到指针。

法拉第目不转睛地盯着电流计，然后用手合上电源开关。就在线路

接通的一刹那,电流计小磁针跳动了一下!

这个时间十分短暂,稍不留意就会错过。法拉第过去的多次实验都忽略了这个细节,这次终于捉住了稍纵即逝的"一刹那"。

"啊,电流!"法拉第欣喜若狂,不由得喊了起来。为了验证自己的新发现,他又把实验连续地做了几次,每一次都得到同样的结果。

因而法拉第相信胜利在望。他在自己的实验日记里写下了这个难忘的日子:1831年8月29日。

法拉第为自己的新发现十分兴奋,然而他没有因之而陶醉。1831年9月23日,法拉第给市哲学会里的老朋友菲利浦斯写信,其中这样写道:

> 我正再度忙于研究电磁学。我想,我捞到了一样好东西,可是没有把握。或许我花费了那么多劳动,捞到的不是一条鱼,而是一团水草。

法拉第这样写,也许是谦虚、诙谐吧。其实,他正在寻找磁生电的途径。他知道,自己捞到了一条大鱼。那是一项杰出的实验,也许是19世纪最杰出、最伟大的实验之一!

法拉第有一种预感:自己已经走到真理的边缘,只要再向前跨一步,成功就属于自己的了。

为了获得最终的结果，法拉第继续进行实验。他断开 B 段电池的接线，将一块磁铁放在铁环旁边，希望能在 A 段感应出电流来，可是磁铁并没有使电流计指针移动。

法拉第把铁环换成其他金属做成的环，并且想尽办法变换了许多种接线方法，电流计的指针仍丝毫未动。磁铁没有产生出电流来。

接着，法拉第再一次进行 8 月 29 日所做的实验。他发现，如果改变 B 段线圈和 A 段线圈的位置，或者是改变 B 段线圈里电流的大小，电流的指针都会摆动，也即是说 A 段线圈中有感应电流发生！

直到此时，法拉第豁然醒悟，一定是 B 段线圈里电流产生的磁的变化，使 A 段线圈感应出电流的。

为了证实自己的判断，10 月 17 日，法拉第用硬纸做了一个空心圆筒，用铜线在纸筒上分层绕了八个线圈。然后他又将八个线圈并联成一个线圈，线圈的两个端点接在电流计的两极上。

当法拉第把一根磁棒插在硬纸管里之时，电流计上的指针仍无反应。他心中纳闷，是什么原因呢？也许是插得太慢了吧？

法拉第屏住气，猛地将磁棒向纸管里一插，果然，电流计上的指针动了！法拉第心头一震，这一动，表明了电流的产生。终于把磁转变成了电，自己 10 年来所魂牵梦萦的不就是这一瞬间吗！

短暂的一瞬间，指针又恢复到原位。当他突然将磁棒从圆筒内抽出来时，指针又向相反的方向跳动，随之又返回原位。

法拉第又把磁棒转过来，朝里猛插，向外猛拔，再插、再拔……电流表的指针来回摆动，法拉第的心也跟着剧烈跳动起来。

以后的多次实验也显示了同样的结果，转磁为电的想法终于成为事实。

但法拉第并没有因此而停步不前，他在思考一个问题：为什么自己多年来反复千百次的实验都没能成功，唯独这样做才获得成功了呢？他想寻找到规律性的东西。

经过仔细的回忆与思索，再加上实验的验证，法拉第终于意识到成功的关键所在，运动才能产生电流。

谜底终于被法拉第揭开了，原来是线圈里的磁通量的变化引起了感应电流。换句话说，正是运动的磁产生了电流。

在以前的实验中，磁铁相对于导线和线圈是没有运动的，所有实验均是在静止的前提下进行的。而通过现在的实验发现，只有当磁铁插入线圈或从线圈抽出的一瞬间，才能产生电流。

法拉第把这种电流称为感生电流，也就是由感应而产生的电流，而把产生感生电流的电动势叫作感生电动势。

接着法拉第又发现，不论是将磁铁插入静置的线圈内，还是将线圈套到静置的磁铁上，只要两者之中有一个以一定的方式进行运动，就会有感生电流产生。因此，他得出"要将磁转化为电，运动是必要条件"的结论。

但为什么运动是产生感生电流的必要条件呢？感生电动势与感生电流的大小以及方向，是否与运动方式有关呢？这又是法拉第思考的新问题。

在科学上往往是这样，实验的成功与新现象的发现和新规律的总结，常常引出更多的疑问，从而促进科学技术的进步。

在经过了多次紧张的实验与反复的研究之后，法拉第得出了"金属导线必须切割磁力线才能产生感生电流"这一规律性的结论。

在实验过程中，法拉第还发现，导线切割磁力线的速度越快，导线中产生的感生电动势也就越大。切割磁力线的方向不同，产生的感生电动势方向或感生电流方向也不同。

法拉第将以上的结果与发现总结成定律，这就是著名的"电磁感应定律"。

这一定律不仅揭示了电流与磁力之间的相互作用规律，更为重要的是定律表明了：只要能持续不断地使线圈在磁场中做切割磁力线的运动，就能够产生出源源不断的电能来。

这是一项多么重大的发现啊！以后的世界面貌，在很大程度上将因这个定律的出现而大为改观。

也就是说，法拉第的这一杰出发现，预示着电能被人类所用有了可能；而人类文明发展的步伐，也将由此定律的创立而大大加快。

电磁感应定律是时代的产物。它是从18世纪中后期至19世纪30年代这一历史时期内的各种电学现象与规律不断被发现的必然产物。特定的历史时期就需要有特定的历史人物。

法拉第勤于思考、精于观察，对科学工作有着源源不断的热情，在失败面前毫不气馁，能够重整旗鼓，再次向前。他所具有的这些特点，正迎合了那个时代科学发展的迫切需要。

在10年里，法拉第经历了无数次失败，但正是这一次次的失败，为他奠定了不断接近成功的基础。

法拉第把每次的失败都当作砖，用它筑梯。随着失败的增加，梯子的高度也增高，他也就站得更高，最后终于登上了别人难于登上的顶峰。

电磁感应定律的创立，使法拉第蜚声国内外。后人为了纪念他的这一功绩，把电磁感应定律命名为"法拉第定律"。

此刻，他已完全忘记近10年来无数次失败带给他的失望与痛苦，他的身心深深地沉浸在成功的巨大喜悦之中。他像一个孩子似的在实验室里狂蹦乱跳起来。

法拉第呕心沥血10年的理想终于成了现实！这便是著名的电磁感应现象。它继奥斯特等人的实验之后，进一步揭示了电和磁相互转化的辩证关系，为近代电磁学的发展奠定了基础。

经过百折不挠的努力，法拉第终于成功了，他以自己顽强的毅力和过人的智慧，在世界电子科技史上写下了辉煌的一页。

继续前进

我不能说我不珍惜荣誉,并且我承认它很有价值,不过我却从来不为追求这些荣誉而工作。

——法拉第

继续实验不停息

法拉第终于结束了这场持续10年的电磁战，按说，他应该休息一下了。然而，他并没有止步不前。

因为只有当磁棒在线圈中做往复运动的时候，才有电流感应出来。磁棒的运动一停止，电流也就随着消失，他没有能像伏打那样制造出稳定的电源来，他想能够用磁电感应的原理制造出永久性的稳定电源。

法拉第在1831年10月17日实验结果的基础上继续努力。他让磁棒插在线圈里固定不动，让线圈相对于磁棒上下运动，结果同样能够感应出"磁电"来。

这说明，关键就在磁铁和线圈之间必须有相对运动，至于哪一个静止，哪一个运动，那倒没有关系。

然而，磁铁和线圈之间相对运动是往复的，这样所感应出来的电流也必定是往复的。要产生稳定的单向电流，磁铁和线圈之间的相对运动必须是单向的。

可是磁铁和线圈之间如果做单方向的相对运动，它们的距离就会越来越大，这当然是不行的。他想起法国物理学家阿拉哥的圆盘实验，决定用一个圆铜片来代替线圈。

线圈是导体，铜片也是导体；线圈中能够感应出电流，铜片中当然也应该能够感应出电流。

法拉第做了一个圆铜片，装上轴，让它夹在马蹄形磁铁的两个磁极中间旋转。

如果把圆铜片的轴当作导线的一个端点，把圆铜片的边缘当作导线的另一个端点，那么这根导线就将在南北磁极之间做单方向的运动，它将能感应出单方向的电流来。

法拉第做了实验，但是没有成功。线圈是由很多圈导线绕成的，圆盘只相当于一圈，当然比较难感应出电流来。

不过有一个办法：可以用强大的磁铁来弥补圈数的不足。皇家学会有一块特别大的马蹄形磁铁，但是很不巧，它被皇家军事学院的克里斯蒂教授借去了。

法拉第在两年前被聘为皇家军事学院的化学讲师，每年要去讲20次课，和那里的人很熟。

10月28日一早，法拉第就上皇家军事学院去了。他在那里做了许多实验，那块硕大无比的马蹄形磁铁好极了。

法拉第的实验日记里是这样记的：圆铜片的轴和边缘用一只电流计连接起来。圆铜片旋转的时候，电流计的指针发生偏转。效果非常清楚和恒定。

法拉第在"恒定"两个字上打了加重号，因为重要的正是产生恒定的电流。"磁电"和伏打电池的电流一样稳定，不就可以把笨重的伏打电池取代了吗？世界上的第一个"发电机"就这样诞生了。

只用两个月的时间，法拉第就完成了两类电磁感应实验。"伏打电感应"孕育了变压器的诞生，"磁电感应"预告了发电机的出现。

有了发电机和变压器，电就能够大规模地生产，并且输送到遥远的地方。电将从科学家的实验室走向工厂、矿山、农村，走进每一个家庭。

法拉第在1831年发现了电磁感应，因此有人把这一年称作电气时代纪元一年。

但是电真正登上人类的生产和生活舞台，却是许多年以后的事情。那是因为工业和技术上的条件还没有成熟，也是因为蒸汽机、火车、轮船刚出现不久，英国正在进行工业革命，目标是用蒸汽力量代替人的力量。

就在这一年的除夕，法拉第满面春风地向他的亲朋好友当场表演了这个新发明。

所有在场的亲朋好友都为法拉第的精彩表演而赞不绝口，连声叫好。此时，只有一位好挑剔的贵妇人不以为然，她取笑地问法拉第道：

"先生，你发明的这玩意儿有什么用呢？"

听了贵妇人略带讥笑的发问，法拉第神态自若地把手放在胸前，略一欠身，答道："夫人，新生的婴儿又有什么用呢？"

法拉第的精彩回答使人群中立时爆发出一阵喝彩声。

法拉第发明的这台小发电机在我们今天的人看来，的确像一个十分简单的玩具，实际上法拉第也没有把其付诸实用，然而它却是我们今天各种发电机的雏形。

法拉第的这一发明在近代科学史上产生了十分深远的影响，从此，人类便打开了电能宝库的大门。

电磁感应是近代物理学上的一项重大发现，也是法拉第科学事业上的一座高峰。一旦他越过这一高峰，便向电磁学的纵深挺进，长驱直入，取得一个又一个辉煌的战果。

不断创造科学辉煌

发现电磁感应定律后，法拉第又对电现象进行了大量广泛而深入的研究。他有一个坚定的信念，大自然是统一的、和谐的。

大自然中万物纷呈，变化无穷。电，能生光、生热、生磁，引起各种化学反应；反过来化学作用也能产生电，磁也能产生电。

法拉第以为，所谓的电、光、热、磁，以及化学亲和力、万有吸引力，这些无所不在、千变万化的力，实质上是源于大自然的同一的力。它们只不过是名称不同、表现形式各异罢了。

根据这个认识，法拉第开始研究电的统一性。到那时候为止，除了雷电之外，已经发现的有五种不同来源的电，摩擦电、伏打电、热电、动物电和磁感应电。

这五种电有相同的地方，也有不相同的地方。有人认为它们是同一种东西，有人则认为不是。众说纷纭，莫衷一是。

法拉第对这五种电进行了全面的考察，他将电的效应归纳为静电的与电流的两大类，电流的效应又分为发热、磁、化学分解、生理效应、电火花五种。

法拉第根据自己的实验结果，证明了前三种电有静电与电流的全部效应，动物电显示了生理、磁、化学三种效应，热电只显示生理效应和磁效应。

法拉第把这几种电间的差别归因于"电量"和"强度"的不同，而不是本质的不同。

于是，法拉第得出了结论："不论电的来源如何，它们的本性都是相同的。"法拉第用电的同一性，为他的信念"自然是统一的"提供了有力的论据。

电的同一性研究直接导致法拉第发现了电解定律。19 世纪初，人类对电的研究还很粗浅，对于物质结构与电的关系，更是茫然无知。

电是什么？物质是什么？电、物质结构与化学变化之间又有何关系？对于这些问题，各国科学家争论不休。

有人认为，电就是一种微粒，构成了物质；有人认为，电是物质微粒的一种振动，就像热那样；有人则提出：电是流体。

德国科学家格罗图斯提出一种假说，认为产生伏打电的伏打电池实际上是块电磁铁。

戴维则主张，电是与分子不可分离的一部分。安培提出有分子电流存在，并用分子电流来解释磁铁的磁性，但认为分子电流的电量是"组成分子的原子分解以后的产物"。

德拉里弗却又主张：电和物质是两种不同的东西，是可以各自独立存在的。

电、分子、化学变化的内部机制，这些都是微观现象，是无法直接观察到的，要从人们能够观察的宏观现象去推断微观的结构，是相当困难的事，难免会出现种种混乱与错误。

1832 年，法拉第开始从事电化学研究的时候，面临的正是这样的各种理论纠缠在一起、难以分辨真理与谬误的局面。

针对这种情况，法拉第首先了解各种意见，进行鉴别比较。对每家的理论学说，分别实验，检验其正确与否和实用价值。

对于自己的种种设想，法拉第也是用实验来验证。

在走过了许多的弯路、碰了一次又一次的钉子后，法拉第最后终于找到了研究电化学规律的办法，就是称量出电极上析出的物质重量，把它与流过电极的电量进行比较。

于是，法拉第试图发明一种能够测量"电"量的大小的仪器，以确定各种电之间量的关系。但用什么方法来制造这样一种仪器呢？

才思敏捷的法拉第想到了电解方法。电解现象早已发现了，并已被科学家们用来获取或提炼某些化学元素。

法拉第想，电解时分离出来的物质的量一定与通电量的多少有关，比如水电解时产生了氢和氧两种气体，那么能否根据电解时从电极上逸出的气体量的多少，来计算出通过水的电量呢？

想到这些，法拉第又进行了大量的实验。经过大量实验证实了他的想法：电解时分离出来的物质数量与通电量两者之间存在着严格的量的关系。

于是，电量计创制出来了。同时，一个远比电量计更为重要的规律也随之问世了，这就是著名的"法拉第电解定律"。

电解定律是法拉第在研究与发明电量计过程中的意外收获，也可以说是电量计的副产品，但其重要性却是电量计的千百倍。

这如同一个进行潜水锻炼的爱好者，在进行锻炼，达到了强健体魄目的的同时，在水中发现了古代装满贵重物品的沉船。

生物进化论奠基者达尔文说过："科学就是整理事实，以便从中得出普遍的规律或结论。"法拉第电解定律的创立过程，非常清楚地印证了达尔文的这句名言。

电解定律完全是从大量的实验与浩如烟海的实验数据中发现的，是通过实验数据的汇集、分析、整理和总结得出的规律。

法拉第之所以能够发现这个规律，除了他的坚韧毅力与极为细致、负责的工作态度外，还缘于他的敏锐观察能力和他对电学与化学两门学科兼通的本领。

而法拉第在青少年时期，在利博的订书店，通过刻苦自学所打下的坚实的实验能力与电学、化学知识的基础，无疑也是一个重要的成功因素。

电解定律找出了电解的时候物理现象和化学现象定量的联系，成为化学的基本定律。电化学的开创人是戴维，法拉第却把它向前推进了一大步，将老师的学说发扬光大了。

法拉第在电化学学科中取得了如此大的成绩，被公认为电化学的先驱。两条电解定律是电化学的基础，直到今天仍在电解与电镀工业上广泛应用。

另外，法拉第电解定律还有更深一层的意义：它的光芒照亮了半世纪后电子论的发展道路，为发现原子的内部结构奠定了初步的理论基础。

此外，法拉第对电介质和导体进行了深入的研究。通过大量细致的实验，他认为当时电学中所使用的旧名称十分混乱，不但词不达意，而且常有谬误。

法拉第认为随着新的电学理论的出现，对旧的名称来一次更换清理十分有必要。

于是，法拉第断然地废除了一些过时的旧名称，更换了新名。如电极、阳极、阴极、电解质、电解、离子等，就是他首创的，直到今天，人们仍在使用。

法拉第不知疲倦地探索着。1836年，他又发现了静电屏蔽现象。他把一个金属同笼子放在绝缘板上，在笼子的里面和外面各放一个金箔验电器，同时，用金属链分别把验电器的金属球和笼子连接起来。

当金属同笼子带电的时候，笼外验电器的金箔便会张大，笼里验电器的金箔依旧下垂，丝毫没有带电的现象。

它表明电荷只分布在导体的表面，金属同笼子能够对内部物体起到电的屏蔽作用，这便是静电屏蔽现象。

由此法拉第确信，如果有金属网的屏蔽作用，即使人站在闪电中，也不会被击伤。

此时法拉第想起了富兰克林的风筝实验。富兰克林冒着生命危险，从空中攫取了闪电。勇气固然可嘉，但却十分冒险。他决定做一个同样惊心动魄的实验，然而却十分安全。

1836年1月，法拉第表演了一次令观众们大惊失色的实验。他建造了一个巨大的金属框架，长、宽、高各为3.622米，之后他用一层铜网把金属框架罩住，同时把一部巨大的起电机同铜网相接。

这部起电机能产生很高的电压，足以把人击毙。他安然地走进框架，站于金属网的中央，然后吩咐助手准备实验。

起电机开动了，只见伴着"噼噼啪啪"的巨响，电火花在铜网上飞溅。法拉第泰然自若地站在网中央，面带平静的微笑。

由于"闪电"只是发生在铜网的外面，法拉第安然无恙，连一根毫毛都没受到损伤。他用自己的身体，富有戏剧性地证明了静电屏蔽的真理。

同时，法拉第还发现了储存电荷的方法。他发现，如果正负电荷之间隔一层绝缘体，比如玻璃或者空气，一个导体上的电荷就不会跳到另一个导体上去。

除非连接两个导体，让电荷释放出来，否则电荷将储存在两个导体上，它们之间不会发生什么关系。

依据这个原理，法拉第制成了储存电荷的电容器。人们为了纪念法拉第的发现，后世用他的名字来命名电容的单位，简称"法拉"。

经过几年的潜心研究与实验，可以说法拉第的研究已硕果累累。

直到今天，法拉第的理论仍然在中学物理课本的电学内容中占据着重要位置。法拉第的名字已是人人皆知，家喻户晓。

世界名人非常之路

拒绝贵族的称号

法拉第的杰出贡献，使他成了举世瞩目的大科学家，人们从四面八方向英国皇家学会投来尊敬的目光。

荣誉和鲜花纷至沓来，牛津大学授予他名誉博士学位，皇家学会向他授予柯普莱奖，法国科学院邀请他去讲学。

但是并不是所有的人都知道，法拉第的辉煌成就是在十分艰苦的条件下取得的。

由于皇家学院的财政一直比较窘迫，法拉第的薪水，除了住房和燃料外，长期以来每年只有 100 镑，而且有时还不能如数支付。

1831 年，皇家学院还就法拉第的薪水问题作出了一项决议。决议的内容是这样的：

"法拉第先生的薪水年薪 100 镑，外加供应住房、煤和蜡烛是不能削减的；由于法拉第先生完成了多种多样的任务，而且在完成任务的过程中展现出来的热情和才干，法拉第先生应该加薪。然而皇家学院的经济情况不佳，本委员会的建议难以实现，只能表示遗憾。"

直到 1833 年，一位名叫富勒的国会议员捐赠一个新的化学讲座，法拉第才在皇家学院获得教授的头衔，年薪也增加到 200 镑，那时他已经 43 岁，在皇家学院整整服务了 20 年，而且已经划时代地发现电磁感应。

对于清贫的生活，法拉第倒是处之泰然。有一段趣闻，也足以表明法拉第的高尚人格。

1835 年，英国政府为了提高科学家的待遇，内阁首相罗伯特·皮尔爵士建议设立一种年金，奖给那些在科学或文学上有卓越贡献的人，而在这以前只有政治家、军事将领才有资格得到。

在新设的年金中，有一项是计划授予法拉第的。首相皮尔对法拉第的卓越贡献特别欣赏，他曾说："我相信，在活着的学者当中，没有一位比法拉第先生更有资格得到政府的关照。"

当法拉第获悉这一消息后，立即写信给首相，表示自己可以自食其力，坚决拒绝这份年金。

法拉第在寄出这封信之前被朋友们制止了，都觉得有些失礼，而且他的生活境况的确很窘迫。朋友们都劝法拉第改变主意，但是他执意不肯。在他最后作出决定之前，由于保守党内阁倒台，皮尔首相离职，由另一位名叫梅尔本的勋爵继任首相。

一天，新首相亲自到皇家学院视察，邀请法拉第在办公室面谈。在大家劝说下，法拉第才勉强应约前往。

这位勋爵是自由党人，可能对法拉第的性格不十分了解，而且官做大了，说话也毫无顾忌，言谈中流露出对科学技术人员的轻视。

新首相认为年金对文臣武将来说是受之无愧的，对科学家或者作家来说，那只不过是政府对他们的一种恩赐罢了。

法拉第听到这话，感到是对科学的一种侮辱。本来他就不情愿和首相会面，人家硬叫他来，结果却是来受辱。他立刻结束谈话，告别回家，使得这位首相大人一时摸不着头脑。

当天晚上，梅尔本勋爵收到法拉第一张便条，措辞简短而坚决，大意是"既然这样，恕难接受恩惠"。

勋爵读完便条，才知道自己白天把法拉第给激怒了。他一开始还觉得有些好笑，等事情传开以后，才感到问题严重。

这时，一位同双方相识的贵夫人，看到首相大人下不了台，于是出面调解。她给法拉第做了几次工作，婉言劝他收下年金，然而法拉第态度坚决，执意不收。

调解人费尽口舌也无济于事，最后只好问法拉第，到底要梅尔本勋爵如何做，才能使他满意。

法拉第回答说："除非他向我作书面的道歉，不过，这一点我既没有权力也没有理由要求他做到。"

第二天，首相亲自派人把自己的道歉书送到了法拉第之手。信的措辞坦率而诚恳，如此"年金事件"才算圆满解决。

圣诞节前夕，政府宣布授予法拉第一项特别年金，每年300镑，以表彰他对英国科学事业的特殊贡献。

这一年的圣诞节充满着狂欢的气息。圣诞节过后不久，伦敦一家时报登出法拉第的照片，标题用的是醒目的黑体字：名师高徒，后来居上——迈克尔·法拉第教授即将被授予爵士称号！

文章还对"未来的贵族法拉第爵士"作了一番绘声绘色的描写，说他喜欢喝香槟，爱唱乡村歌曲，绘画天才超过他的物理才能等。

法拉第看到报纸，只是一笑了之。他的朋友们纷纷跑来询问消息是否确实，并向他祝贺。法拉第仍报以淡淡一笑。

"没有那回事！再说，我为什么要当爵士呢？"他说道。

但是传闻很快得到证实。从宫中传出消息，皇室确实打算要授予爵士称号给予法拉第。

按照英国皇室的传统，授予杰出人物以贵族称号，远自牛顿，近至戴维都曾获得此项殊荣。凭法拉第的卓越贡献和声望，他是受之无愧的。但是当内阁几次派人来说明此意时，法拉第都谢绝了。他答复说：

我以生为平民而感到光荣，并不想变成贵族。

这是法拉第与其恩师戴维最大的不同，戴维以受封爵士而感到光荣，并且喜欢到处用爵士衔签名，法拉第却拒绝了贵族称号。他永远是一个来自人民又造福人民的平民科学家！

忘我地进行实验

岁月如梭，在不断的探索和发现中，又一个10年过去了。这10年间，法拉第的电学实验研究成就辉煌。

法拉第的成就，已经超过了同时代许多著名的科学家，包括他的导师戴维和法国的安培。因此，有人把法拉第称为"先知先觉"，甚至说他"可以闻出真理来"。

法拉第听到这些过誉之词，只不过摇头一笑。凡是他的同事和最亲近的人都知道，法拉第的每一项发现后面，凝结了他多少心血，耗费了他多少艰苦的劳动啊！

法拉第工作起来有一种决不后退的劲头，有时近于疯狂。特别是在做实验的时候，法拉第可以忘掉一切。

只要站在实验桌旁，法拉第就像射手站在靶场上一样兴奋不已，永远不知道疲倦。而且每一次实验，他都要做详尽的记录。那一本本厚重的实验日记，为后世留下了宝贵的科学财富。

法拉第不爱金钱，对时间却十分珍惜。在他看来，世界上一切财富中，最宝贵的财富就是时间。

为了专心于实验研究，法拉第谢绝了几乎一切社交活动。凡是与实验无关的事，诸如什么皇家酒宴、名人采访、剪彩等，他一概推辞，婉言谢绝。

法拉第去剧场的次数也明显减少了，朋友间的应酬，也减少到最低限度，他把每一分钟都用在了工作上。

法拉第这种不知疲倦的拼命精神，常常使他夫人担忧。虽然作为铁匠的儿子，他有着相当良好的体质，但是长期在阴湿的地下实验室紧张地工作，由于操劳过度，法拉第患了风湿病和严重的神经衰弱症，腰背酸痛，头发晕，终于病倒了。

1841年夏天，在医生的一再敦促下，法拉第在夫人莎拉的陪同下离开英国到瑞士休养。

法拉第的内弟乔治夫妇也陪同前往，乔治这时已成为一名颇有才华的画家，20年前他曾亲眼观看过法拉第的电磁转动实验。

这已经是法拉第第三次出国旅行了。6年前他曾到瑞士作短期休假，见到许多老朋友。第一次出国是28年前随戴维的欧洲之旅。

欧洲大陆沿途的自然风光，仍如当年一样，使他心旷神怡。他们这次旅程取道德国的科隆，再换乘轮船沿莱茵河溯流而上。两岸景色宜人。

法拉第情绪颇佳，信手写下一些随笔，记下自己的感怀。在休养期间，法拉第还特别喜欢登山远足。

这次疗养，对法拉第恢复健康有明显的好处。但10年的积劳，他实在太累了。保健医生不允许他恢复工作，法拉第的研究中断了整整4年。

1845年春天，法拉第的身体已经完全康复，重新回到了他心爱的实验室工作，这时他已经是54岁的老将了。

按照一般说法，一个科学家最能够出成果的年龄在25岁至45岁之间，其人生的黄金时代似乎已经过去了。

然而事实正好相反，法拉第一生最重要的贡献，就是在这个时期完成的。年龄并不是科学发明的决定因素，最关键的是在于永远保持旺盛的斗志和孜孜不倦的探索精神。

法拉第克服了由于年龄带来的衰弱，精神越来越好，他向着最高峰继续攀登。

法拉第很早就抱定一种想法，认为光和电磁现象有内在联系。那个时候电磁理论还没有建立起来，能够有这样天才的设想，的确使人大为惊异。

这大概要归功于法拉第的科学信念和哲学思想。法拉第有一个十分坚定的信念，他确信世界是统一、和谐的，无论是电、磁、光、热还是引力，都应当存在着密切的联系。

电磁的统一已经证实这一信念，那神奇的光呢？

当年法拉第跟随戴维游历意大利时，观看过一位名叫莫里契尼的意大利科学家做的实验。

莫里契尼用一个硕大的凸透镜，把阳光聚焦到一枚钢针上，想借助阳光的力量使钢针磁化。

实验最后失败了。然而，这位名气虽然不大的莫里契尼却给青年法拉第留下了深刻的印象。时隔30年，此事仍然历历在目。

法拉第决心寻找电磁现象和光的关系。他采用的是他最拿手的办法，实验。

首先，法拉第用电解质即酸、碱、盐的水溶液来实验。法拉第把这些透明导电的电解质放在两个电极之间，给电极加上很高的电压，然后让一束偏振光通过这个电解质。

结果对偏振光并没有产生什么影响，实验失败了。法拉第把导电的电解质换成不导电的电解质，诸如松脂、水晶、冰洲石等，他一一试过，全都失败了。

实际上，电场对光的影响是存在的。或许是因为法拉第的实验条件没有到位，所以没有检测出来。他所预言的效应，30年后由英国物理学家克尔发现。

法拉第并不因这些失败而气馁。他另辟蹊径，决定改用磁场做实验，试图证实磁对光的影响。如此就能证明莫里契尼未能实现的推断：光和磁有联系。

法拉第把一块玻璃放在电磁铁的两极间，然后用一束偏振光沿着磁力作用的方向透过玻璃，可惜的是，并未发现磁场对透过玻璃的偏振光有什么影响。

法拉第把玻璃换成许多种其他透明体来试，也同样没有什么结果。

"这是为什么，也许需要另一种东西。"法拉第思忖着。

他在实验室内来回地踱着步，思考着，无意中他发现屋角搁着一块长方形重玻璃。这块玻璃是他15年前试制的产品，闲置至今，从来没有用过。

随之，法拉第把这块重玻璃放在电磁铁的两极之间，然后用一束偏振光沿着磁力作用的方向透过玻璃，光线在磁力的作用下，它的振动面果然偏转了一个角度！

由于重玻璃的折射率大，这种偏转终于被检测出来。法拉第多次进行了同样的试验，都得到了同样的结果，磁力越强，偏转角度越大。这就是有名的磁致旋光效应，是法拉第对电磁学又一大功劳。

这个发现的时间是1845年9月13日。

法拉第在实验日记里写道：如此一来，磁力和光有相互关系就得到了证明！这一事实对于这两种状态的自然力的研究，很可能具有巨大的价值，由此也可能产生极其丰硕的成果。

法拉第的这一成功对他有很大的启发。他又回过头来，把几年以前研究过的各种介质放进两个电磁之间，做同样的实验。

他的设想是：可能其他物质也应该和玻璃有相同的反应。他使用的是一个比以前强大得多的电磁铁。

出乎法拉第意料的是，在实验过程中，法拉第发现了一个新奇的现象。他把一根玻璃棒放进磁铁两极间，玻璃棒居然表现出对磁力作用的反抗，停在同磁力垂直的方向上。

这就是说：磁不但对磁性金属有作用，对其他材料也有作用，不同的只是前者顺着磁力方向，后者却正好相反。

法拉第又惊又喜，他立即用一根铜棒做实验，铜棒也停在同磁力垂直的方向上，纹丝不动。

法拉第又用木块代替铜棒，都是同样结果，他把身边所有的东西全都放进两个磁极之间，一一进行试验。发现全部物质对磁力都有反应，其中大多数都表现为抗磁性。

法拉第全神贯注地做着实验，把吃晚饭的时间也忘记了。妻子莎拉只好把晚饭给他送到实验室来。

当莎拉推开实验室的门，发现法拉第正埋头在一堆乱物中忙着，眼里不由流露出温和的责备，催促他赶快吃饭。

法拉第见妻子从篮子里拿出一块面包和牛排，十分高兴。莎拉还没有反应过来，法拉第已经把面包用一根细线悬挂起来，把面包放进两个磁极之间。

面包犹如受过专门训练一样，一动不动地停立在磁力交叉的方向上。法拉第朝着妻子眨眨眼睛，笑了笑，接着又用牛排做试验，取得同样的结果。

法拉第夫人看着他的表演，简直哭笑不得。实际上根据法拉第当时的心情，如果不是因为磁铁不够大，恐怕连他夫人也会被吊起来，送进磁极之间去作一番检验，因为他确信人体也是反磁体。

由于磁致旋光效应和抗磁性这两项重大发现，1846年法拉第荣获伦福德奖章和皇家奖章。

在英国皇家学会的历史上，很少有人同时得到这两枚奖章，即使戴维也没有获得过如此殊荣。

法拉第的天才和伟绩，给他带来了十分高的荣誉。然而他关心的并非荣誉，而是科学的理想。

敢于提出新学说

磁致旋光效应和抗磁性的发现，使法拉第受到很大启发，一个崭新的思想终于脱颖而出。

当时，"超距作用"的观念十分流行。牛顿曾经为超距观念苦恼过，但是最终他还是采用了超距的说法。

100多年来，牛顿力学成了物理学的权威。"超距作用"观念不但支配了天体力学，也使电磁学受到很大影响。

牛顿的影响实在太大了。科学家们普遍认为，力的传递是即时而超距的，也就是说不管传递多远都不需要时间，一个电荷或者磁极周围的空间，除了距离以外，一无所有，连法国的电学大师安培、库仑，也持同样观点。

库仑曾于1784年发现电荷相互作用的定律，这一定律后来被称作库仑定律，其形式和牛顿万有引力公式完全一样：与电量大小成正比，与距离平方成反比。

因而从一开始，电学就理所当然地被纳入牛顿力学的轨道。"超距作用"的观念自然成为流行的观念。

法拉第并不随波逐流，他对法国同行们的成功十分佩服，但对他们的思路却不愿盲目信从。

法拉第从自己的大量实验事实出发，对"超距观念"提出了怀疑。他相信物质到处存在，没有不被物质占有的中空地带，因此电力和磁力不能凭空随意传递。

这个思想，法拉第酝酿了十几年，在没有找到充分的实验证据以前，他不愿意草率匆忙地把自己的科学假设公布于众。

摧毁旧学说，需要新的武器，法拉第现在终于找到了这种武器，那就是杰出的"力线"概念。

法拉第把铁粉撒在磁铁周围，铁粉立刻呈现出有规则的曲线，从一个磁极到另一个磁极，接连不断，他把这种曲线称为力线。

法拉第进一步用实验证明，这种力线不单单具有几何的性质，同时具有物理性质，导线里感应电流的大小，完全取决于导线截割磁力线的数目，而同导线的移动位置丝毫不相关联。换句话说，磁力线越密的地方，磁的强度越大。

用这种全新的眼光来观察，电荷或者磁极周围的空间不再是一无所有，而是布满了向各个方向散发出去的力线，电荷或者磁极便是力线的起点。

从这一事实出发，法拉第在物理学上第一次提出"场"的概念。他把布满磁力线的空间称作磁场，而磁力便是通过连续的场传递的。牛顿力学"超距作用"的神圣殿堂就如此被动摇了。

法拉第力线观念的建立，看起来不像发现电磁感应那样富于戏剧性，然而它在电磁学上的意义却是深远的。

这是深思熟虑的硕果。早在1832年，也就是法拉第发现电磁感应的第二年，他在写给皇家学会的名为《新观点》的一封密封函里就阐述了这一天才的思想。

法拉第写道：

> 磁作用的传播需要时间，也就是当一块磁铁作用于另一块远处的磁铁或者一块铁时，产生作用的原因是逐渐地从磁体传播开去的。
>
> 我认为可以把它叫作磁场。这种传播需要一定的时间，而这个时间显然是非常短的。
>
> 我还认为，电感应也是这样传播的，磁力从磁极向外传

播类似于起波纹的水面的振动，或者像声音传播的空气振动。

也就是说，我倾向于认为，振动理论可以用于电和磁的现象，正像它适用于声音，同时也很可能适用于光。

法拉第的这封密信，在皇家学会的文件柜里沉睡了100多年，直到1938年才被后人发现启封。

在这封信中他预言了电感应和磁感应以波的形式向外传播，暗示了电磁波存在的可能，还以非凡的洞察力预见了光可能是一种电磁振动的传播。

这实在是天才的预言！它犹如一颗耀眼闪光的钻石，即使封在尘埃里也无法遮住那夺目的光芒。

连法拉第本人也感觉到这一点。谨慎地沉默了14年后，他再也忍不住了，密封信里的"新观点"终于脱颖而出。

1846年，法拉第根据力线这一崭新的思想，明确提出了光的电磁学。他在《哲学杂志》上发表了论文《关于辐射线振动的思考》。

这是法拉第全部科学著作中的瑰宝，其光彩直到若干年以后才被人们发现。

在这篇论文里，法拉第定性地提出，电力线和磁力线的振动，就可以产生光和其他辐射现象。一个革命性的、使人耳目一新的学说，就如此产生了。

影响深远

一旦科学插上幻想的翅膀，在你的头脑中翱翔，它就一定能够赢得胜利。

——法拉第

新思想泽被后世

中国有句俗语：曲高和寡。世界上许多伟大的科学预言，在出现的最开始都被人当作奇谈怪论，很少有人接受。

法拉第的新思想，由于缺乏严密的论证，起初也引起许多研究者的怀疑。但是有两位年轻有为的英国物理学家，为法拉第的新颖观点所吸引。

这两位科学家一个是格拉斯哥的威廉·汤姆生，即后来著名的开尔文勋爵，另一个是剑桥大学的麦克斯韦。

汤姆生是一个神童，20岁大学毕业，首先选择了电磁学当作进军的目标，虽说热力学也在他的视野范围之内，然而自从法拉第在1831年发现电磁感应以后，汤姆生受到强烈的吸引。

汤姆生十分羡慕法拉第的成就，尤其是对法拉第关于电力线和磁力线的思想很感兴趣。汤姆生掌握了数学工具之后，更觉得电磁学是个大有可为的领域，跃跃欲试。

1845年初夏，汤姆生从法国回到剑桥大学，参加了英国科学协会的会议，出席这次会议的都是著名学者，包括法拉第、焦耳这样一些世界第一流的大科学家。

会上，汤姆生正好和法拉第坐在一起，并进行了交谈。当时，法拉第从皮包里取出自己写的一本电学专著《电学实验研究》递给汤姆生，建议他抽空一读。

汤姆生当时很想提出来同法拉第合作，他犹豫了一下，没说出自己的想法。

法拉第那时已54岁，久病初愈，刚恢复研究工作。他虽然赏识汤姆生的才能，但也没有想到这个 21 岁的后生是最理想的助手。所以，尽管他们探索的目标是共同的，特别是汤姆生又精通数学，却失之交臂，没有能够携起手来，想来是十分遗憾的。

以后，汤姆生有好几次想把自己对电磁的研究总结成理论性的东西，但都没有成功。1846 年 11 月，他担任教授职务后还悉心研究电学，并很有进展，还用数学方法对电磁力的性质做了有益的探讨。

汤姆生还试图用数学公式把电力和磁力统一起来，这的确是一个天才的设想。实际上，他已经走到了电磁理论的边缘，只要再向前迈一步，就能够发现真理。

可惜的是，汤姆生后来没有把这个研究进行到底，因而建立电磁理论的桂冠，就只好让麦克斯韦来戴了。

麦克斯韦出生于 1831 年 11 月 13 日。1854 年，23 岁的麦克斯韦大学毕业，留在母校剑桥大学任教。

不久，麦克斯韦读到了法拉第的《电学实验研究》，马上被书中的新颖的实验和见解吸引住了。

当时，学术界对法拉第的学说看法不一致，有不少非议。主要原因是"超距作用"的传统观念影响还很深，牛顿力学的大厦动摇了，但是并没有倒塌。

同时，也因为法拉第的学说在理论上还不够严谨。

作为实验大师，法拉第是举世无双的，但是由于没有受过正规的高等教育，唯独数学功夫不够。

法拉第的创见都是用直观的形式表达的，一般的理论物理学家都不承认法拉第的学说，认为它不过是一些实验记录。

然而麦克斯韦受到汤姆生的影响，相信法拉第学说中包含着真理。他在认真研究了法拉第的著作以后，领悟出力线思想的宝贵价值，也看到了法拉第定性表达的弱点。

这个初出茅庐的青年科学家决心用数学来弥补这一点。

一年之后，24岁的麦克斯韦发表了《论法拉第的力线》，这是第一篇关于电磁学的论文。

这位后起之秀接过了伟大先驱者法拉第手中的火炬，开始向电磁领域的制高点挺进。

且说那天法拉第正在叹息不已时，突然，放在桌上新到专业期刊上一篇醒目的标题跳入了他的眼帘：《论法拉第的力线》。

法拉第一阵激动，他如饥似渴地将论文读了一遍，真是一篇好文章啊！

在论文中，麦克斯韦通过数学方法，把电流周围存在力线这一现象，概括成一个高等数学里的矢量偏微分方程。

法拉第想自己从小失学，最缺的就是数学，现在突然降下了这么一位理解自己思想，又长于数学的帮手，真是高兴得乐不可支。

"哈哈，我的理论后继有人了！"法拉第感到无比的欣慰。

几年后，也就是1860年夏，麦克斯韦因故来到伦敦皇家学院任教，时年28岁。这次工作的变动，是他一生事业的转折点。

麦克斯韦对法拉第仰望已久，早在剑桥教书的4年时间里，他就一直想用数学公式表达法拉第的学说，他经常给法拉第写信，探索电磁的奥秘。

麦克斯韦到达伦敦后去拜访了法拉第，这是一次难忘的会晤，法拉第已年近七旬，两鬓斑白。他和麦克斯韦一见如故，亲切地交谈起来。

当麦克斯韦征求他对论文的看法时，法拉

第高兴地说:"当我知道你用数学来构造这一主题,起初我几乎吓坏了,我惊讶地看到,你处理得如此之好啊!"

法拉第还说:"我不认为自己的学说一定是真理,但是只有你才是真正理解它的人。"

"先生能给我指出论文的缺点吗?"麦克斯韦腼腆地说。

"但是,你不应该停留在用数学来解释我的观点,"这位大师沉思后道,"你应该更深层地把它突破!"

法拉第的话犹如一盏明灯,照亮了青年物理学家麦克斯韦前进的道路,他立即用最大的热情投入新的战斗。

1862年,麦克斯韦在英国《哲学杂志》4卷23期上,发表了第二篇电磁学论文《论物理学的力线》。

这是一篇划时代的论文,它同1855年的《论法拉第的力线》相比,有了质的飞跃。

论文不再是法拉第观点的单纯的数学解释,而是对法拉第的观点作了重大的引申和发展。其中具有决定意义的一步,是引进了"位移电流"的概念。

麦克斯韦分析了法拉第对电介质的研究以后,确认在电场变化着的电介质中,电流也存在,他把这称为"位移电流"。

另外,麦克斯韦还计算出这种电流的速度正好等于光速,这一惊人的"巧合"中,包含着神奇而伟大的内在联系。

从理论上引出位移电流的概念,的确是电磁学上继法拉第电磁感应以后的一项重大突破。

根据这一科学假设,麦克斯韦推导出两个高度抽象的偏微分方程式,这即是著名的麦克斯韦方程式。

根据这组方程所揭示的规律,不但变化着的磁场产生电场,而且变化着的电场也产生磁场。凡是有磁场变化的地方,它的周围不管是导体或者电介质,都有感应电场存在。

经过麦克斯韦创造性的总结，电磁现象的规律，终于被他用不可动摇的数学形式揭示出来。

直到此时，电磁学才开始成为一种科学理论。而法拉第，则是这座理论大厦的奠基人。

1865年，麦克斯韦发表了第三篇电磁学论文《电磁场动力学》。在这篇论文中，麦克斯韦方程的形式更加完善，他并且由此推导出电场和磁场的波动方程。

根据计算，这个"波"的传播速度，恰好等于光速！直到此时，电磁波的存在是确定无疑了！

麦克斯韦因此大胆断定，光也是一种电磁波。法拉第当年关于光的电磁理论的猜想，就这样由麦克斯韦变成了科学的理论。

历史记下了这个辉煌，23年以后，德国青年物理学家赫兹用实验发现了电磁波，证明了麦克斯韦的理论。

法拉第当年的伟大预言，经过几代人的接力，终于变成现实。令人遗憾的是，法拉第没有亲眼看到电磁理论的胜利，麦克斯韦也没有看到这一天。

法拉第经过毕生的辛勤努力，终于为人类开发了一个全新的知识领域。其一生总结性的著作是《电学实验研究》。

有趣的是，在法拉第的这部巨著中，几乎没有一条数学公式。金无足赤，人无完人，无论是政治伟人或科学巨匠，都不可能是十全十美的。

法拉第的不足之处是其数学知识贫乏，这一缺憾后来由其学生麦克斯韦弥补了。也许是缘分，麦克斯韦和法拉第相逢，最终完成了电磁理论大业。而汤姆生与法拉第却失之交臂。

用平常心对待荣誉

由于在电磁学领域作出的巨大贡献，法拉第在晚年获得全世界的敬重。各国纷纷向他授予奖章、荣誉称号，如春花一般繁多。

据估计，法拉第一生中得到各国授予的荣誉头衔多达97个。几乎欧洲每一所大学和科研机构，都赠给他学位证书，还有许多金质奖章。他把那些金质奖章束之高阁，便不问不闻了。

而对自己所得的学位证书，法拉第却感到十分自豪，每一份都要让莎拉看看。

由于从小家庭贫穷，没有机会接受正规教育，法拉第凭着自己的勤奋获得的成就，得到了全世界最高学府的承认。

法拉第那坚忍不拔的精神和淳朴无私的人格，让许多人折服。著名的科学家、作家都以能和其结识为荣。

和法拉第同时代的法国作家大仲马，曾如此称赞他：

我不知道是否会有一个科学家，能够像法拉第那样，遗留下许多令人惬意的成就，当作赠与后辈的遗产而不自满。

他为人异常质朴，爱慕真理异常热烈，对于各项成就，满怀敬意，别人有所发现，力表钦美，自己有所得，却十分谦虚。他不依赖别人，具有勇往直前的美德。

所有这些融合起来，就使这位伟大物理学家的高尚人格，添上一种罕有的魔力。

1857年，英国皇家学会会长洛特斯雷勋爵辞职。皇家学会一致推选法拉第任会长。就他的卓越贡献和巨大声望，他是当之无愧的，也是最佳的人选。

法拉第的朋友都希望他能接受这一委任，并且认为只有他才有资格接受这一最高的荣誉。

法拉第十分感谢大家的信任和盛意，然而他表示自己不能接受这一委任。

皇家学会派了几名代表前来做说客，劝其受任。代表中有前任皇家学会会长，还有法拉第的学生和朋友丁达尔。

法拉第回答说："请允许我认真考虑一下，再作决定。"

第二天早晨，丁达尔就来到法拉第的住处。法拉第看见他有些焦急不安，问他何故。

丁达尔急切地说道："教授，我深怕你已作出决定，拒绝皇家学院代表的希望。"

"如此说来，你是要强迫我担任会长这个职务了！"法拉第脸带微笑。

"是的，这是你义不容辞的责任！"丁达尔说道。

"可是，亲爱的丁达尔，领导皇家学会可不是一件简单的事，依我的性格，既不喜欢交际，又不善于言辞，如果我真的当了皇家学会会长，搞不好会使大家都不愉快的。"法拉第说出了自己的犹豫。

"法拉第教授，这一点请你放心，皇家学会的新生力量会全力支持你的。"

正在此时，莎拉走了进来。

"莎拉，你来得正好，大家要推举我任皇家学会会长，你看如何？"法拉第征询她的意见。

"我认为还是不当为好。你单纯得如一个孩子，当童子军军长可以，当会长不行。"莎拉笑着说道。

丁达尔极力反对莎拉的说法。

"夫人你这是在说笑话了！"他继续劝说道，"法拉第教授业绩彪炳，德高望重，如果由他出任皇家学会会长，一定会大大提高皇家学会和英国科学界的威信！"

法拉第温和地打断了丁达尔的话。经过再三的考虑，他作出最后决定：

> 丁达尔，我还是自始至终做一个平常的迈克尔·法拉第吧。现在我告诉你，假如我接受了皇家学会希望加在我身上的荣誉，就在一年内，我也不能保全我纯洁的知识了。

法拉第从不追求荣誉，他出生的时候，冠着铁匠的姓氏起的是普通的名字，他永远是普普通通的迈克尔·法拉第。

法拉第避开荣誉，荣誉却紧紧地盯住他。每作出一项重大发现，国内外的大学、学会和科学院就纷纷给他颁发荣誉奖状、奖章和学位。

在一个盒子里，放着法拉第所有的证书奖章，其中有一个最为特殊，因为这一张"证书"，是法拉第自己写的。

一张不太精美的硬纸上，法拉第用清秀的笔迹写着：

> 在这些成绩记录和重要事件当中，我谨记下一件事情的日子，作为荣誉和幸福的源泉，这件事情的重要性远远超过其他事情——我们是在1821年6月20日结婚的。

法拉第不喜欢讲演，但喜欢行善。他和莎拉过着淳朴的基督徒的生活。每个星期日他们全家上桑德曼教会那个简陋的小教堂去做礼拜。

法拉第是这个教会里唯一有名望的人，按照基督平等博爱的精神,他和会友们一样,坐在硬板凳上虔诚地祈祷。

1840年,法拉第被选为长老。每星期日他都要协助别的长老主持礼拜仪式,每隔一星期他还要讲一次道。

在皇家学院讲科学,在小教室讲上帝,这似乎是自相矛盾的。然而,对于法拉第来说,科学和宗教是并行不悖的。

法拉第信仰科学,科学能使人的思想从迷信和偏见中解放出来,科学能使人了解自然的奥秘,利用自然的力量。

但法拉第认为科学不是万能的。他不像同时代的其他科学家那样乐观、自信,认为科学的真理已经或都将取得最后胜利。

法拉第觉得,人类犯错是不可避免的。一切科学知识都是有限的、暂时的。自然和和谐、统一,似乎向他显示,宇宙间是有真理的,他,还有许多人,都在追求真理。

但是法拉第认为,真正的真理,仅仅属于上帝,是上帝在主宰一切,所以他也信仰上帝。

这是法拉第宗教信仰理性的一面,另外还有更重要的感情、传统、习惯的一面。因为他的父亲、母亲,周围的所有人全都信仰上帝。

不过法拉第对于讲道,却是一窍不通。现在叫他向人家讲道,这可难为他了。

法拉第只能干巴巴地念《圣经》,从旧约全书和新约全书上东抄一段,西抄一段。

法拉第的讲道味同嚼蜡,这和他用动听的声音,在皇家学院里娓娓而谈科学问题的那种引人入胜的情景,成了鲜明的对照。

1860年,法拉第第二次被选为长老。他以古稀之年又服务了三年半,后来他的记性越来越坏,《圣经》上的警句读了上半句,不知道读下半句,他才不得不辞职。

发挥自己的余热

法拉第一生不追名逐利，他以作为一个铁匠的儿子为荣，他愿意永远做一个平常的法拉第。法拉第过去是铁匠的儿子，成名以后仍旧是铁匠的儿子。

法拉第一生不追求虚荣，但是凡对公众有益的事情，却从不推却。当初英国港务局请他当技术顾问，尽管自己公务繁忙，还是愉快地承担了，并且几十年如一日，对灯塔的照明设施作了许多技术改进。

英国的港口特别多，那时灯塔一直以油灯照明，烟雾重，气味难闻。灯塔工人长年在空气污染的环境中工作，对身体有很大的危害。

法拉第在皇家学院曾做过调节房间内部空气的工作，因为地下实验需经常通气，在这方面他有经验。

法拉第成功地排除了灯塔里一些有毒气体的污染，使那儿成为了一个非常安全的地方。因此有人说，法拉第在空气调节的研究方面也是一个先驱者。

同时灯塔还有一个问题，每当冬季到来，窗玻璃经常蒙上一层厚厚的霜冻，影响照明和视线，法拉第也想办法解决了。

每当法拉第走在大街上，看到灯塔在滨海暮色中闪亮的时候，心中感到的都是一种舒心和愉快。

法拉第不但是伟大的科学家，也是热心的科普宣传家。他与科学讲坛是分不开的。

法拉第担任皇家学院实验室主任后，继承戴维的传统，在讲坛上作了一系列生动有益的科学讲演。这些讲演给皇家学院带来了声誉和不断的捐赠。

法拉第曾主讲过100多次"星期五科学讨论会"。他每次主讲都十分成功，深受学者听众的赞许和好评。

法拉第深知科学讲座对少年儿童有十分重大的影响，对此，他有亲身的体会，他在皇家学院还倡导了一个"圣诞节少年科学讲座"。

这个讲座从1826年开始，每年圣诞节放假期间，为少年儿童举办一系列科普讲座。

每一次讲座都像过节一样热闹非凡，充满着欢乐。家长们带着孩子，蜂拥而至，连走廊里都挤满了听众。

讲座的题目从化学、天文到电学，应有尽有。再深奥的科学道理，到了大师法拉第口中，都会变得如此动听，如此简单明了，常常还包含着闪光的哲理。

这个"圣诞节少年科学讲座"，法拉第一共讲了19年，受到孩子和家长们的热烈欢迎。

1855年12月27日，维多利亚女王的丈夫阿尔伯特亲王领着两个儿子来到皇家学院。

维多利亚女王一家是专门来听法拉第圣诞节演讲的，他们坐在演讲大厅的第一排正中间。

那年的圣诞节少年科学讲座结束以后，14岁的王太子给法拉第写来了一封信，声言对法拉第的科学讲座产生了极大的兴趣。后来，王子在爱丁堡大学攻读了化学。

19年间，有多少小朋友听过法拉第的这个讲座，已经无法统计。他们之中，许多人和当年的少年法拉第一样，爱上了为人类谋福利的科学事业。

1860年圣诞节的系列讲座，一共讲了6次。后来他的一位朋友为他编辑出版了一本名为《蜡烛的故事》的书。这本著名的科普读物讲述了如何制造蜡烛，蜡烛为什么会燃烧，燃烧以后到哪儿去了等。

《蜡烛的故事》内容生动有趣。后来被译成世界各国文字，直到100多年后的今天，还深受广大少儿家长的欢迎。

在这本书中，法拉第殷切地写道：

> 希望你们年轻一代，也能像蜡烛为人照明那样，有一分热，发一分光，忠诚而踏实地为人类伟大的事业贡献自己的所有力量。

燃烧自己，把光明献给人类，这种蜡烛精神正是法拉第一生的写照！为了追求真理，造福人类，他默默地奉献出自己的每一分热，每一分光。

法拉第的伟绩和高尚的人格，赢得了世人的广泛尊敬。连孩子们也十分爱戴他。

法拉第是一位虔诚的教徒。每个礼拜天，他都要和夫人一同到教堂做礼拜。每当返回之时，他们要穿过同一条街。

那些听过法拉第科学讲座的孩子，便常常候在路边，向他问好。有的孩子鞠过躬后，又穿过小巷，抄近路跑在他们前面，再一次向法拉第致敬。对此法拉第特别高兴，莎拉亲昵地把他称作童子军军长。

开尔文勋爵对法拉第非常了解，他在纪念法拉第的文章中说：

> 他的敏捷和活跃的品质，难以用言语形容。他的天才光辉四射，使他的出现呈现出智慧之光，他的神态有一种独特之美，这是有幸在皇家学院见过他的任何人都会感觉到的，从思想最深刻的哲学家到最质朴的儿童。

安然度过晚年

法拉第夫妇一直在皇家学院的楼上居住，过着简朴的生活。那两间房子，从他们结婚起，已整整住了 37 年。

英国女王维多利亚的丈夫阿尔伯特到皇家学院去过多次，很了解法拉第的科学成就，也知道法拉第性格倔犟，不爱虚荣，不愿意被封为爵士。

阿尔伯特亲王向女王建议，送法拉第一所房子。他告诉女王，法拉第教授自己没有住房，四十几年来，一直借住在皇家学院楼上。

女王立刻下令，把伦敦高等住宅区的一栋房子拨给法拉第，归他终生使用。

房子的环境很幽雅，但是年久失修，法拉第哪里修得起。这消息传到女王耳朵里，她派人把房子里里外外修整一新。

1858 年，法拉第和莎拉搬进了漂亮的新居，在这儿，法拉第愉快地度过了自己的晚年。

法拉第时常想起自己饱受穷困折磨的父母亲：父亲早就去世了，母亲虽然看到了他的成功，也已经在 1838 年去世。

法拉第想起哥哥洛博，正是他给的钱，自己才能听到塔特姆先生的自然哲学讲演。弟弟出了名，哥哥感到自豪，时常到皇家学院去听弟弟讲演。

有一次，坐在洛博后面的两位先生数落法拉第的寒酸，说他过去当过学徒，给人擦过皮鞋，把洛博听得火冒三丈。

洛博忽然转过脸去，正言厉色地说："先生，那位法拉第先生给你擦过皮鞋吗？"他的话把对方吓得赶紧否认。

法拉第每次想起哥哥给自己说的这件事，就忍不住要笑。

随着岁月的流逝，法拉第年龄增大，体力渐衰，精力大不如从前。几十年的忘我工作，耗尽了他的精力。

但是法拉第仍不放弃自己心爱的工作，坚持做电磁实验。他的实验记录簿还是整理得井井有条、清清楚楚。为此，他常常要付出几倍的努力。

然而，法拉第发觉自己的记忆力也在衰退，有一次他做了一个实验，费了很大工夫，直到一个月以后才发觉，这个实验他几个月以前已经做过了。

1862年，法拉第已经是71岁的老人了，他做完最后一个实验。在他的实验日志上记下最后一个编号：16041。

这位科学巨匠的最后一个实验，是研究磁场对光源的影响。他假设强大的磁场可能会改变光源发射的光谱谱线。

法拉第将不同盐类的火焰，其实也就是不同的光谱谱线，放在巨型电磁铁两极之间，然后让火焰辐射的光通过偏振棱镜。

由于法拉第当时采用的仪器的限制，实验失败了。但这个实验的推断，却表明这位电学大师深邃的洞察力。

法拉第这个闪光的思想，30多年以后由荷兰物理学家塞曼用实验进一步证实。塞曼发现在强磁场中光源发射的谱线确实分裂成几条，后人称之为塞曼效应。

法拉第的工作是完成了，他的最后一次讲演，也是在1862年举行。这位巨人肩上的任务，一件一件地卸下了。

丁达尔曾怀着崇敬的心情，对自己的老朋友和老师法拉第进行了评价。他说：

法拉第没有一点世俗的野心。他曾宣布，出于对国家的基本义务，每年到宫中进行一次朝拜。除了这一点，他不会主动和皇宫接近。

他精神上的生活和知识领域的生活，已经十分完美，因此他不会对那些世俗争夺不休的东西动心的。在他的眼中，科学实验高于一切，和这相比，皇宫的华丽算得了什么！

法拉第一生的最后几年，是在汉普顿别墅度过的。他没有子女，忠实地陪伴着他的是自己温柔贤惠的妻子，还有他们领养的侄女。

晚霞布满天际，一轮红日渐渐西沉。到别墅去拜望的朋友、学者，可以看见一位白发飘逸、衣着简朴的老人，神态安详地坐在门外凝望着田野和壮丽的落日。

这位铁匠的儿子，横跨一个时代的伟大科学家，直到临终都对大自然和人民怀着诚挚的热爱。他本人就如一轮红日，把光和热洒满人间，正在静静地沉落。

法拉第的朋友，亲眼目睹那光芒万丈的阳光，如此毫无保留地赐福于人类和大自然。最终却难免要西沉逝去，内心不禁生出一种惋惜和悲哀。

然而，法拉第的胸中却从来没有如此感觉。落日是一首壮丽的诗。一直到最后的一息，他都保持着他那种旧时的乐观和豁达。他在给朋友的一封信中写道：

过去是无法追忆了，现在在期待着解脱，只有未来充满着光明和永生。

1867 年 8 月 25 日，法拉第，这位享誉科坛、闻名世界的科学巨子坐在书房的椅子上安详地离开了人世，终年 76 岁。

附 录

过去是无法追忆了,现在正期待着解脱,只有未来充满着光明和永生。

—— 法拉第

经典故事

学识字的小报童

法拉第从小就是一个聪颖、机灵的孩子，他对人也特别有礼貌，因此人们都很喜欢他。

法拉第曾经当过报童，做事非常勤奋，也从来不偷懒，所以别人都很喜欢他，他的老板利博先生对法拉第也特别地满意。

趁着送报的机会，法拉第经常偷空看报，他感觉读报对自己来说是非常快乐的事情。

但是，看报的过程中，法拉第也遇到了一些实际困难。

有些报纸的内容不容易看懂，上面也有许多字不认识，还有许多人名、地名他也不知道。

但是这些并没有难倒法拉第。他想，不懂也没有关系，早晚有一天我会把一切都弄懂的。

于是，法拉第只要遇到不懂的东西，就虚心向别人请教，当然，更多的时候是向利博先生请教。

利博先生很和气，圆圆的脸上总挂着微笑，法拉第常常找这位东家，向他请教各种问题。这位东家也很愿意解答法拉第的各种问题。

利博先生看到法拉第这孩子和别的报童不一样，他什么都想知道，什么都要问，心里也很高兴，他打心眼里喜欢上了这个聪明好学的孩子。

利博先生很喜欢法拉第，每当看到这个小报童歪着脑袋、充满稚气的小脸上带着疑惑不解的神情，一个接一个问着各种各样的问题时，利博先生总是愉快而耐心地为他解答，就像对待自己的孩子一样。

这位温和热情的书店老板总觉得法拉第与别的孩子不同，因为他看到在法拉第那双稚气的灰褐色的瞳仁里，常常闪烁着一种求知的光芒。

喜欢学习的小学徒

法拉第的家庭很贫穷，由于经济原因，在他13岁的时候，就不得不辍学回家了。

在利博先生的建议下，法拉第来到了位于布兰福德街上利博先生的装书店，当了一名书籍装订工。

法拉第的手艺很快就赶上了师傅，于是他就有空把他装订的书仔细阅读一遍，成了一个"书呆子"。

每晚收工以后，法拉第总是把切刀、铜尺、胶水这些装订书籍的用具收拾得整整齐齐，然后常常连饭也不吃、工作服也不脱，就坐在工作台前全神贯注地看起书来。

有一次，法拉第读到了《一千零一夜》里那个渔夫和魔鬼的故事，他对故事中的情节感到十分惊奇，一直在想象那个魔鬼是如何变成一股青烟，又如何生活在一个小小的瓶子里的。

还有一次，法拉第正看书看得入迷，一会儿发笑，一会儿又皱起眉头，连他的老板利博先生进来都没有发觉。

利博先生看着他那傻劲，不由得笑出了声。

利博先生的笑声惊动了看书入迷的法拉第。法拉第回过头来，窘得小脸通红，心里想，这回准得挨一顿骂。

利博先生是个好心肠的人，他不但没生气，胖胖的脸上反而笑出两个酒窝，他对法拉第说：

"迈克尔，我知道你是个好学上进的孩子，好好地读书吧！想读什么就读什么，通晓书中的内容并不会妨碍你成为一个好订书匠的。别的订书匠只晓得书的封皮，而你却知道了书的内容，这并非一件坏事。"

法拉第碰上这样好的老板，心里简直是乐开了花。

从此后，法拉第更加孜孜不倦地读起书来了。

建立自己的实验室

法拉第非常喜欢科学实验，但是他太穷了，几乎是身无分文。

他根本就买不起实验所需的器材，这可难住了法拉第，他不住地想，我该怎么办呢？

但是困难是挡不住法拉第对科学的浓厚兴趣的，他平时用心地收集着每一样在实验里可以用得着的东西。

那些用得着的瓶瓶罐罐都被他捡了回来，洗刷干净后，整齐地摆在了床下。

有时候，法拉第还利用休息时间，到工厂的废品堆里去找一些钢丝和旧锌片，以及其他可以用的一些小零件，或者跑到药房里去捡人家扔掉的小瓶子，再或者，就索性花半个便士买一点便宜的药品。

然后，法拉第再抱着捡来的、买来的东西，兴冲冲地回到自己的小阁楼里，装备自己的小实验室。

此外，法拉第还按照书上的插图，自己动手做了一些小装置。他从来不乱花钱，他把所有的零用钱一点点攒起来，买一些实验必需的设备和药剂。

就这样，法拉第在自己的房间里建起了一个小小的实验室。房间本来就窄小，现在摆上这一堆宝贝玩意儿，就显得更加拥挤了。

不过，法拉第置身于自己的小天地里，却如鱼得水般快活。从此，一个个实验给法拉第带来了无穷的乐趣，他逐渐沉浸在自己的实验中，充分领略着知识的奥妙。

从此，经常听到法拉第在他的实验室里大喊大叫，因为他太专心了，经常忘记了自己在什么地方，也忘记了是几点钟。少年的心中萌发了对科学的热烈向往。阁楼实验成了他一生事业的起点。

甘心献身科学

法拉第从小就善于思考，经常提出一些有意义的问题。法拉第好提问题，以致别人这样来形容他：他的头"老是往前伸着，好像随时准备向别人提问题似的"。

法拉第在装书店当学徒时，不但博览群书，而且用它们作指导，在宿舍里做了许多实验。他积攒的钱，几乎全部花在买实验用品上。

后来法拉第听了戴维的讲演，更下定了"献身于科学"的决心。据说法拉第为了进皇家学院实验室工作，戴维曾经同他进行过如下的谈话。

戴维一边指着自己手上、脸上的伤疤，一边对法拉第说："牛顿说过：'科学是个很厉害的女主人，对于为她献身的人，只给予很少的报酬。'她不仅吝啬，有时候还很凶狠呢！你看，我为她效劳十几年，她给我的就是这样的奖赏。"

法拉第坚定地说："我不怕这个！"

戴维又说："这里工资很低，或许还不如你当订书匠挣的钱多呢！"

法拉第回答说："钱多少我不在乎，只要有饭吃就行。"

戴维追问一句："你将来不会后悔吧？"

法拉第频频点头说："我决不后悔！"就这样，法拉第正式踏进了科学的殿堂。

巧妙回答疑问

法拉第发明了世界上第一台感应发电机后，准备向他的亲朋好友表演这个新发明。

这是一台别致的装置，只见一个中心有轴的圆形铜盘垂直地固定在支架上，并且伸进到一块水平固定的马蹄形磁铁的两极之间。铜盘的中轴联结一根导线，铜盘边缘和另一根导线保持接触，两根导线和一只电流计相连。

客人们对这个"怪物"很感兴趣，他们怀着极大的兴趣观看着，想亲自证实一下，这台怪模怪样的装置是不是真的能源源不断地产生出电流来。

法拉第大声宣布"表演开始"以后，就轻快地转动摇柄，铜盘在两个磁极之间不停地旋转起来。只见电流计的指针逐渐偏离零位，铜盘的转速越快，电流的读数越大。

客人们赞不绝口，只有一位故作聪明的贵妇人不动声色，她取笑地问法拉第："先生，你发明的这玩意儿有什么用呢？"

法拉第把手放在胸前，微微欠了一下身子，回答说：

"夫人，新生的婴儿又有什么用呢？"

人群中顿时爆发出一阵喝彩声。

多么巧妙而又正确的回答！"婴儿"看来无用，但却会长成"巨人"。法拉第设计的这台装置就是今天各式各样、大大小小发电机的雏形。

有了发电机，电就不再是神秘的东西，它将从科学家的实验室走向工厂、矿山、农村，走进每一个家庭，照亮整个世界。1831年是值得永久纪念的一年，电磁感应是法拉第生平最伟大的发现。

不爱金钱爱科学

由于法拉第在电学和化学研究上出了名，有一段时间，法院曾经聘请他做专家作证的工作。在不到一年时间里，法拉第获得了1000镑的报酬。

这时候，一位朋友劝法拉第辞去皇家学会的研究工作，告诉他"如果继续干下去，每年可以稳赚5000镑"。

当时皇家学会每年给法拉第的报酬只有500镑。爱科学不爱金钱的法拉第经过慎重考虑，为了专心进行科学研究，毅然辞去了专家作证的工作。

法拉第经常不分昼夜地在实验室里工作，为了利用每一分钟时间，凡是和实验无关的事情，他尽量推辞、谢绝，他不去朋友家吃饭，不上剧院看戏。

法拉第不停地做实验，记笔记。在他的实验日记上，记满了"没有效果""没有反应""不行""不成"等字样。

1855年出版的八卷《法拉第日记》就是他日夜辛勤工作的证明，他的一系列重大科学成果，就是他心血和汗水的结晶。

我不想变成贵族

法拉第一生获得过无数名誉头衔，但他从来没有在意过，而是随便丢在了一个盒子里。法拉第不羡慕荣华富贵，他始终保持着一个正直的、勤恳的科学家的本色。

1857年，英国皇家学会会长洛特斯雷勋爵辞职，皇家学会学术委员会一致认为，如果能请德高望重的法拉第教授出来继任会长，那是再理想不过的了。

学术委员会派法拉第的好友丁达尔和几名代表劝说法拉第接受这个职位,因为这是一个英国科学家所能享受的最高荣誉。

法拉第对丁达尔说:"丁达尔,我是个普通人,到死我都将是个普普通通的迈克尔·法拉第。现在我来告诉你吧,如果我接受皇家学会希望加在我身上的荣誉,那么我就不能保证自己的诚实和正直,连一年也保证不了。"丁达尔和代表们失望地走了。

过了几年以后,皇家学院院长诺森伯兰公爵去世,学院理事会又想请法拉第出来当院长,法拉第又一次拒绝了朋友们的好意。

法拉第不喜欢荣誉,他只喜欢他的科学事业。

年　谱

1791年9月22日，出生在萨里郡纽因顿一个贫苦铁匠家庭。

1810年2月~1811年9月，在哥哥赞助下，听了十几次自然哲学的通俗讲演，每次听后都重新誊抄笔记，并画下仪器设备图。

1812年2~4月，连续听了汉弗莱·戴维4次讲座，从此燃起了进行科学研究的愿望。

1813年3月，由戴维举荐到皇家研究所任实验室助手。这是法拉第一生的转折点，从此他踏上了献身科学研究的道路。

1813年，随戴维夫妇到欧洲大陆游历，对法拉第的教育起了重大作用，结识了许多著名的科学家。

1815年，回国后继续在皇家学院工作，长达50余年。

1816年，戴维让法拉第分析了托斯卡纳的土壤成分，并把分析结果写成论文发表。

1817年，法拉第连续发表了6篇论文，这些论文的发表，使他增强了从事科学研究的信心。

1819年，法拉第应斯达特的要求，研究了不锈钢与各种合金。

1820年，进行氯和碳的化合物研究。

1821年，研究了奥斯特发现的电流的磁作用，取得了一项重大发现：磁作用的方向是与产生磁作用的电流的方向垂直的。

1823年，开始进行气体液化研究。

1824年，被选为皇家学会会员。

1825年，接替戴维任皇家学院实验室主任，开始光学玻璃研究，并在鲸油和鳝油制成的燃气分馏中发现苯。

1831年底，研究取得重大突破，发明了一种电磁电流发生器，这就是最原始的发电机。

1832年，开始对不同来源的电的同一性和电化学分解进行研究。

1833年，任皇家学院化学教授。证实当时所知摩擦电、伏打电、电磁感应电、热电和动物电5种不同来源的电的同一性。

1833～1834年，发现电解定律，开创了电化学这一新的学科领域。

1835年，开始静电学、电介质和气体放电的研究。

1837年，发现电介质对静电过程的影响，提出了以近距"邻接"作用为基础的静电感应理论。

1839年，成功运用一连串的实验带领人类了解电的本质。

1845年，发现强磁场使偏振光的偏振面发生旋转。

1846年，提出"射线振动思想"。

1849年，开始重力和电的研究。

1857年，开始研究时间和磁性的问题。

1860年，发表最后一次圣诞节讲演。

1862年，做了最后一次实验，试图发现磁场对放在磁场内的光源发出的光线的影响。

1864年，他辞去了皇家学院教授职务。

1867年8月25日，迈克尔·法拉第在书房安详地离开了人世，终年76岁。

名　言

- 只有无知，没有不满。

- 拼命去争取成功，但不要期望一定会成功。

- 我一生为平民而感到光荣，并不想变成贵族。

- 要是我能出低价论钟点，不，论天买些他们的时间，该有多好！

- 爱情既是友谊的代名词，又是我们为共同的事业而奋斗的可靠保证。

- 爱情是人生的良伴，你和心爱的女子同床共眠是因为共同的理想把两颗心紧紧系在一起。

- 作为荣誉和幸福的源泉，这件事情的重要性远远超过其他事情，我们是在1821年6月20日结婚的。

- 我想，我捞到了一样好东西，可是没有把握。或许我花费了那么多劳动，捞到的不是一条鱼，而是一团水草。

图书在版编目(CIP)数据

法拉第 / 赵喜臣编著. —北京：中国社会出版社,2012.9
(2022.6 重印)
(世界名人非常之路)
ISBN 978-7-5087-4139-0

Ⅰ. ①法… Ⅱ. ①赵… Ⅲ. ①法拉第(1791～1867) – 生平事迹 Ⅳ. ①K835.616.1

中国版本图书馆 CIP 数据核字(2012)第 201175 号

出 版 人：浦善新	策划编辑：侯　钰
责任编辑：侯　钰	封面设计：张　莉
出版发行：中国社会出版社	地　　址：北京市西城区二龙路甲 33 号
邮政编码：100032	编 辑 部：(010)58124867
网　　址：shcbs.mca.gov.cn	发 行 部：(010)58124866
经　　销：各地新华书店	
印刷装订：北京华创印务有限公司	开　　本：170mm×240mm 1/16
印　　张：13	字　　数：200 千字
版　　次：2012 年 9 月第 1 版	印　　次：2022 年 6 月第 4 次印刷
定　　价：49.80 元	

中国社会出版社微信公众号

中国社会出版社天猫旗舰店